Chronique de l'imprévu

DU MÊME AUTEUR

Plumes de l'ombre, avec Emmanuel Faux et Gilles Perez, Ramsay, 1991

La Main droite de Dieu, avec Emmanuel Faux et Gilles Perez, Le Seuil, 1994

Ce n'est rien qu'un président qui nous fait perdre du temps, Stock, 2010

Petit dictionnaire énervé de la politique, L'Opportun, 2010

J'aurais voulu faire président, avec Philippe Bercovici, 12Bis, 2011

La République bobo, avec Laure Watrin, Stock, 2014

Arrêtons d'élire des présidents !, Stock, 2014

De quoi nous parlez-vous ce matin ?, Les Petits Matins, 2015

Thomas Legrand

Chronique de l'imprévu

Stock/France Inter

Couverture Stéphanie Régerat
Photo de couverture : © Philippe Lopez/AFP

ISBN 978-2-234-08364-6

Introduction

Face à la critique

Que de mises en cause ! Les « commentateurs » de la vie politique (dont je suis) en ont pris pour leur grade lors de la campagne 2017. La critique venait des politiques, et de bien des citoyens, notamment à travers les réseaux sociaux, lors de cette « révolution » politique qui a abouti au remplacement quasi total, et des gouvernants, et des opposants, non pas selon le mouvement classique de l'alternance pendulaire – droite/gauche – mais bien selon une logique de grand ménage de printemps. Logique radicale par son ampleur mais idéologiquement modérée. On ne peut pas changer de peuple mais en démocratie le peuple peut changer de personnel politique. C'est ce qu'il a fait. Va-t-il pour autant changer les pratiques politiques si décriées ? On ne le sait pas encore. Toujours est-il que nous, « les médias », méritons, sans doute, certaines des réprobations formulées dont nous fûmes d'ailleurs parfois les auteurs. Nous n'aurions rien vu venir… ou, au contraire, nous serions coauteurs, en tant que cléricature du « système », de ce qu'il est advenu (pour le meilleur ou le pire, selon l'opinion de chacun), nous recommencerions une fois de plus le fameux cycle des trois « l » : lécher, lâcher, lyncher. Notre conformisme ou notre irresponsabilité, notre soif de reconnaissance, notre comportement de procureur, notre soumission aux puissances de l'argent, notre avidité du scoop, notre superficialité, notre complexe de commentateurs inactifs auraient perverti le débat démocratique… Jamais, depuis que j'exerce ce métier (1987) et, plus singulièrement, que je suis éditorialiste (2008), je n'ai vu, lu, subi tant de critiques, diverses, contradictoires, paradoxales, justifiées ou abusives, argumentées et rationnelles ou émanant d'édifiantes logiques complotistes !

Il m'est donc apparu nécessaire de revisiter, à travers les éditos écrits au jour le jour, la campagne présidentielle qui a bouleversé notre vie politique. Pas pour me justifier ou défendre une corporation. J'y constate mes erreurs (pas que !), reviens sur mes doutes, explique les éléments de contexte, y révèle quelques « ficelles » de fabrication, quelques infos off, et relate l'état d'esprit à chaud qui a présidé à l'élaboration de chacun de ces « papiers ». L'édito politique pour une radio de service public, à l'heure de plus grande écoute de ce média, n'est pas une prise de position, ni l'exposé d'une opinion. C'est un « point de vue ». Le mien, assumé. Un « point de vue » au sens littéral du terme. Je cherche un « angle », un point, inédit ou inhabituel, d'où observer un événement ou un fait politique du moment, pour en montrer des contours différents afin qu'il soit mieux appréhendé, et informe sur les questions qui animent, à juste titre ou non, le débat public. Être un « historien » critique et forcément tâtonnant de l'histoire immédiate, tenter de mettre en perspective et trouver des logiques, issues du passé ou contemporaines – et pas simplement tactiques –, à ce qui se construit sous nos yeux, expose inévitablement à l'accusation d'être, en réalité, un acteur politique volontaire (donc manipulateur) ou involontaire (donc manipulé). En fait, je suis bien incapable de savoir si mes éditos ont une quelconque influence ! Aucune sans doute. Mais si ces trois minutes quotidiennes pouvaient être des clefs de réflexion, des petits déclencheurs de compréhension, ce serait déjà formidable. Pour tenter d'éviter les travers décrits par les contradicteurs autant que pour y répondre, il ne faut pas hésiter, me semble-t-il, à revendiquer une subjectivité non partisane. Oui, la subjectivité peut-être non partisane ! C'est une démarche profondément journalistique qui oblige à penser contre soi-même et à ne jamais oublier la diversité des opinions de l'auditoire – beaucoup plus large qu'on le croit – d'une radio comme France Inter. Voilà l'ambition de l'édito politique d'une radio qui appartient à tout le monde !

À l'issue de cette année électorale imprévisible qui a vu le triomphe inattendu du macronisme, l'émergence surprise de la France insoumise, l'apogée fragile du « marinisme », le crépuscule – plus envisagé – du PS, l'autodestruction stupéfiante de la droite, c'est à un exercice périlleux et inconfortable de revisitation commentée, via mes éditos, que j'invite l'auditeur (et ici le lecteur) critique.

I

Un an avant la fin d'un monde

« Alors, puisque tu es dans la partie, dis-nous qui va gagner cette élection ! »

Cette question, on me la pose quasiment tous les jours, deux ans avant chaque élection présidentielle et jusqu'au jour J. Moi qui suis « dans la partie »... Eh bien non, je n'en sais rien ! Soyons honnête, si j'avais dû parier ma fortune en mai 2014, j'aurais misé (en pur pronostiqueur !) sur Alain Juppé. Après deux quinquennats considérés comme ratés de Nicolas Sarkozy et François Hollande, c'était à nouveau le tour de la droite, selon la logique de balancier qui hypnotisait le monde politique et l'opinion publique depuis des décennies. Le FN ferait à coup sûr un gros score, serait même au second tour, comment pourrait-il en être autrement, vu l'actualité ? Mais, m'empressais-je de préciser à mes interlocuteurs, ça ne se passe jamais comme prévu, donc, si la logique veut que ce soit Juppé, ce sera quelqu'un d'autre... À moins que l'imprévu, la surprise, soit justement que tout se passe comme prévu... puisque ce n'est pas prévu ! Bref, professionnels de la politique, commentateurs, néophytes ou amateurs, personne ne sait. Le plombier zingueur, après avoir jeté un rapide coup d'œil sur le journal local posé sur le comptoir du bar où il prend son café du matin, peut lancer, d'un ton assuré : « Untel, il est cuit, il n'a aucune chance... mais Bidule, je le vois bien président dans deux ans. » Cette fine analyse, basée sur une intuition distraite, un ressenti, a, sans doute, statistiquement autant de chances d'être prémonitoire que le rapport argumenté et documenté d'un chercheur du Cevipof, après plusieurs mois de travail... et autant de chances de se tromper que l'éditorialiste politique de France Inter ou d'ailleurs. Et c'est très bien ainsi, c'est la glorieuse incertitude de la démocratie, comme on le dit du sport quand le PSG se fait battre par un petit poucet du championnat. Nous (chercheurs et journalistes politiques) sommes spécialistes de l'instant et du passé. Pas de l'avenir. L'avenir appartient à un corps électoral vivant, composé d'individus aux aspirations, perceptions et intérêts divergents mais qui composent un tout, un bloc qui fait des choix politiques paradoxalement aussi cohérents qu'imprévisibles. Il ne faut pas sous-estimer l'intelligence taquine du corps électoral... surtout quand la défiance envers les politiques imprègne à ce point l'ensemble de la population.

Fin août 2016, les vacances sont finies. Le monde politique reprend son rythme normal, c'est-à-dire frénétique, hystérique, chaotique... la routine quoi. Parce que l'actualité politique, c'est ça : le roman national quotidien. Disons plutôt le feuilleton, la série nationale. Depuis que je suis journaliste politique (depuis trente ans avec une interruption de dix ans comme reporter au service étranger de RTL puis correspondant aux États-Unis), mes amis, ma famille ou les auditeurs que je croise m'interpellent toujours par un : « Ben dis donc, en ce moment tu ne dois pas t'ennuyer ! » « En ce moment » c'est tous les jours en politique, sans répit ni trêve. La politique au quotidien exaspère le plus souvent, réjouit parfois, enthousiasme rarement, mais elle est dans la vie des Français un élément permanent, le principal sujet de conversation, dans tous les milieux et à tout âge. Les Français sont un peuple politique, a-t-on, à juste titre l'habitude de dire. Ce peuple qui reste si amoureux de l'abstraction, de la conceptualisation, du débat d'idées, de la joute verbale, se nourrit de lectures et d'émissions politiques, de petites phrases qu'il adore détester ou déteste adorer, met la politique au-dessus de tout, souvent sans se l'avouer ou pour la vouer aux gémonies… Mais l'année que nous venons de vivre, ce renversement de perspective et même d'ambiance nationale, est une année exceptionnelle sur laquelle il convient de se retourner, simplement pour mesurer le chemin inouï parcouru, le nombre de certitudes, d'habitudes immuables, de codes si bien ancrés, qui ont été balayés par le vent filloniste, lepeniste, hamoniste, mélenchoniste, enfin et surtout par la tornade macronienne.

La « trêve estivale » 2016 avait donc duré trois jours, entre les polémiques post-attentat de Nice (le 14 juillet) et l'affaire du burkini qui aura pourri le mois d'août. L'année (en politique une année c'est de septembre à juin, comme à l'école) serait particulière, pensait-on fin août, d'une densité électorale exceptionnelle, tout le monde en était conscient. On se doutait bien, alors, que les rapports de forces allaient être bouleversés, que les clivages allaient évoluer, mais personne n'imaginait que les victoires finales, celle de mai (la présidentielle), celle de juin (les législatives), échapperaient à la droite et feraient émerger un président novice de 39 ans et de nouveaux clivages structurants de la politique française. Une réorganisation des forces, comparable à ce que la France avait vécu en 1958, à l'arrivée du général de Gaulle, avec la création du parti gaulliste de gouvernement (UNR, octobre 1958) prétendument ni de droite ni de gauche.

Quel était l'état d'esprit du monde journalistique et politique en cette fin d'été 2016 ? C'était sûr, avec son bilan si décrié, la gauche ne pourrait pas gagner, le PS risquait de se briser sous la pression de la mâchoire macrono-mélenchonienne, futur tandem évident de l'opposition post-présidentielle. Opposition au candidat de la droite qui ne manquerait pas de l'emporter en mai 2017. De son côté le FN, dans cette France fracturée, angoissée par la conjonction des attentats sanglants et des images oppressantes et anxiogènes de la crise des réfugiés, avait toutes les chances de dépasser les 30 % au premier tour. Personne, pour l'heure ne l'imagine au pouvoir… Donald Trump n'a pas encore créé la surprise libératoire (et prémonitoire ?) pour le FN. Personne n'imagine non plus que le débat ne portera finalement pas sur les migrants et les réfugiés mais sur l'Euro, et que la candidate d'extrême droite s'y vautrera et y révélera, dans le face-à-face de l'entre-deux-tours, son incompétence. En cette rentrée on se pose beaucoup de questions : Qui, d'Alain Juppé archi favori ou de Nicolas Sarkozy outsider survitaminé promettant un effet blast… qui de ces deux-là gagnera la primaire organisée par la droite pour novembre ? Qui d'Arnaud Montebourg ou de Manuel Valls osera défier le Président ? Car bien sûr, un président, il ne pourrait en être autrement, ça se présente à sa succession. À la rentrée 2016, le monde politique ne se trompait pas seulement sur les réponses… Il se trompait aussi sur les questions et ne se rendait pas compte que tout allait être chamboulé de la sorte et que, dès lors, sa grille de lecture des événements était obsolète.

En cette fin août, comme tous les ans, les responsables de chaque parti se retrouvent pour des universités d'été, des rencontres partisanes avec leurs militants, leurs élus locaux, leurs instances nationales. Ils sont bronzés, prêts à la bataille qui vient.

À droite les anciens ministres, notables quinquas ou sexagénaires, jeunes loups quadras, affûtent leurs armes pour ces derniers mois de campagne de la primaire. Chacun réuni ses troupes au vert, on ose les jeans (avec un pli sur le devant quand même), polos couleur pastel et légers pulls en V négligemment posés sur les épaules. Bruno Le Maire pense encore que le renouvellement, dont il avait bien saisi la nécessité, passera par cette compétition interne. À ce moment-là il dit en privé : « Pour moi c'est clair, je serai président ou rien. Je ne veux plus être ministre… il faut renverser la table et je suis le seul à avoir l'audace de proposer de la renverser. » Il n'avait pas compris qu'on ne « propose » pas de renverser la table… on la renverse. On ne se présente pas à la primaire de son camp, on sort de son camp, on y va, tout simplement ! Alain Juppé continue à ne pas trop faire de vagues, il gère son avance avec une prudence que ses partisans déguisent en modération et en sang-froid. Il pense encore que la primaire peut être le cadre, à droite, d'un vote centriste. Édouard

Philippe, inconnu du grand public, œuvre, dans le comité d'organisation de la primaire, pour que son champion l'emporte. Il rêve de décrocher un ministère pour récompense de sa loyauté. L'ancien Premier ministre de Jacques Chirac ne lui a rien promis, ce n'est pas le genre de la maison, mais le jeune maire du Havre se plaît à imaginer que, devenu président, l'ex-vieux maire de Bordeaux voudra placer au ministère de l'Intérieur un fidèle parmi les fidèles, même si son inexpérience ministérielle plaide plutôt pour un marocain plus technique, le Budget par exemple, dans les premières années du quinquennat.

Nicolas Sarkozy promet une guerre éclair... Il n'a pas encore saisi que, dans le chamboule-tout, devenu sport national de cette saison politique, il serait la principale quille. Sur ses visiteurs dubitatifs concernant son retour, il déverse des tombereaux d'arguments qui démontrent à quel point le petit monde parisien est déconnecté du vrai peuple, et que le vrai peuple – au moins celui de droite – n'aspire qu'au retour d'un chef, d'un dur, d'un tatoué...

Quant à François Fillon, en cette rentrée, il désespère ses partisans. L'homme est trop sage, trop rigoureux, trop passe-partout et trop honnête pour pouvoir incarner la révolte et enclencher une dynamique. Certains, parmi ses plus proches, se demandent (et nous le disent sous le sceau du secret) s'il ne serait pas plus sage de jeter l'éponge tant qu'il est encore temps avant d'engager trop de dépenses. Un accord est possible avec Alain Juppé. Les deux hommes se respectent et pourraient se compléter. Déjà des proches de Fillon et de Juppé se rencontrent, de leur propre initiative, pour envisager les termes d'un ralliement. L'affaire est compliquée parce que, si l'ancien Premier ministre de Nicolas Sarkozy se retire pour soutenir l'ancien Premier ministre de Jacques Chirac, le second ne peut rien offrir au premier. Matignon, c'est déjà fait.

Mais François Fillon n'écoute pas les pessimistes et n'en démord pas : il peut le faire, une primaire se gagne à droite, pense-t-il, et Juppé n'est pas assez à droite ; Sarkozy quant à lui est rejeté par les Français. Pour se faire remarquer des électeurs de la primaire, le Sarthois placide, pour une fois attaque frontalement et, fort de son image probe et intègre, il prononce pour pimenter la rentrée – s'agissant des déboires judiciaires de l'ancien président – ce qui deviendra l'une des phrases cultes de la campagne : « Qui imagine le général de Gaulle mis en examen ? » L'ancien Premier ministre de Sarkozy ne sait pas encore qu'il vient de lancer, très loin et très haut, un formidable boomerang…

À gauche la rentrée est morose. L'été l'avait été aussi, comme toute l'année d'ailleurs… Et comme les années précédentes, finalement depuis 2012 ! Il ne se passait pas grand-chose fin août 2016 dans ce camp-là. Il faut dire que tout était suspendu à la décision de François Hollande. Quand allait-il annoncer sa candidature ? On observait ses moindres faits et gestes pour y déceler les prémices d'une décision, on scrutait aussi, comme chaque mois, la courbe du chômage en attendant la décrue promise à laquelle François Hollande avait lié son sort. Le Président avait promis de dire en décembre s'il se représentait ou pas. Mais pourrait-il tenir ? Il fallait quelques certitudes, à gauche, pour lancer la campagne, pour décider si oui ou non la candidature du Président serait soumise à primaire comme les statuts du PS le prévoient. Donc au PS, on attendait.

Arnaud Montebourg, fort de deux ans de « retrait » tactique dans le privé, fourbissait ses armes. 2017 serait son moment. En attendant, la gauche observait, assez impressionnée, le débat de la primaire de droite, la parfaite organisation de cette compétition qui ne sombrait pas dans le fiasco démocratique, le pugilat général, comme l'épisode de la présidence de l'UMP de 2012 (entre François Fillon et Jean-François Copé) avait pu le laisser présager.

De son côté Jean-Luc Mélenchon se préparait pour sa campagne. Il essayait des vestes de couvreur, des vareuses façon instituteur de la IIIe République en constatant que sa plateforme programmatique, qu'il baptisera plus tard La France insoumise, engrangeait des signatures de soutien et de participation par dizaines de milliers. Sa stratégie, c'était de partir vite et seul (sans les communistes), très à gauche, dans une diatribe incessante contre le PS et le pouvoir socialiste sortant, et profiter de l'état apathique de la gauche dite de gouvernement, en attente de la décision de François Hollande de se représenter ou non. Le souhait le plus cher de Jean-Luc Mélenchon était de débattre avec le président sortant et d'établir un combat au sommet de la gauche, pour finir par le dépasser à l'issue du premier tour. Le ton protestataire sans concession était destiné à capter une partie de la colère mal orientée vers le FN et Marine Le Pen.

Mais au-delà du casting de la présidentielle qui se dessine en cette fin d'été, la société politique et médiatique est animée par un débat bien particulier et lancinant depuis plusieurs années, une interrogation existentielle qui divise la droite, les intellectuels, la presse et une bonne partie de la société française : qui sommes-nous ? Quel est l'état réel de la société ? Les élites ont-elles failli ? La presse et les politiques parlent-ils vraiment des vraies questions qui taraudent les Français ? Nicolas Sarkozy se prétend représentant du peuple, de cette France sans voix. Il attaque ses concurrents « déconnectés » et la presse.

Ce débat prend la forme, a priori dérisoire, à ce moment-là d'un costume de bain ridicule et provocateur. Le burkini aura donc occupé très exagérément l'actualité de l'été 2016. Pour ne pas alimenter une machine qui roule toute seule, je décide de ne pas faire d'édito sur ce sujet. Tout (et le contraire de tout) n'a-t-il pas été dit sur ce point ? Et puis…

25 août 2016

Je m'étais promis de ne pas faire d'édito sur ce costume de bain ridicule et sur ce que je croyais être un épiphénomène pas digne de tout ce battage médiatique : une poignée de maires qui dévoient la laïcité en confondant plage publique et école publique… en oubliant que l'espace public n'est pas un service public, que les femmes qui se baignent ne sont pas des agents du service public, que ces tenues absurdes ne sont en rien – en elles-mêmes – facteur de trouble à l'ordre public, comme peuvent l'être des burqas qui « désidentifient » les individus en les cachant. Il n'y avait donc pas de sujet… Et puis… c'est devenu un sujet politique avec ces photos de la plage de Nice où l'on voit une femme simplement voilée entourée de policiers. À partir du moment où la pression politique, surchauffée par la primaire de la droite (on n'ose plus dire de la droite et du centre), s'intensifie, à travers des déclarations ou le livre de Nicolas Sarkozy, pour réclamer une loi interdisant le burkini, la fin des repas de substitution dans les cantines et même, pour certains, l'interdiction du voile dans tout l'espace public, la surenchère, la surmédiatisation de cette surenchère, ont fini par créer un fait politique réel…

Cette histoire n'arrange pas ceux qui tentent de lutter efficacement contre la pression islamiste.

L'interdiction du burkini, la surenchère normative et les généralisations sont de très mauvais coups portés à ceux qui tentent de combattre politiquement et idéologiquement cette pression islamiste qu'il ne faut pas sous-estimer. Le plus dramatique, c'est que cette surenchère démagogique – parfois même raciste – aide le FN d'un côté (ça c'est classique) mais aussi tous ceux qui continuent de victimiser l'islam radical et cherchent des excuses sociales à la toute petite minorité de la population qui verse dans le fondamentalisme. Les dégâts sur la cohésion nationale sont provoqués par une sorte de processus de validation en chaîne. Pour lutter, et contre l'islamisme et contre la montée de l'extrême droite, Manuel Valls prend une position qu'il estime médiane : oui, il comprend les maires qui interdisent le burkini mais il est opposé à une loi sur le sujet. Seulement, loin d'endiguer et l'islamisme, et l'extrême droite, on retiendra que le Premier ministre soutient les maires chasseurs de burkini. Leur action est ainsi validée en haut lieu et par une partie de la gauche. Action qui, à son tour, validera et le discours antimusulman du FN, et le discours victimaire des islamistes et de ceux qui passent leur temps à leur chercher des circonstances atténuantes du côté du contexte social. Tout comme il est d'usage d'appeler les musulmans à être en première ligne pour lutter en leur sein contre l'islamisme, on pourrait appeler la droite à être en première ligne pour lutter en son sein contre ceux qui font de la surenchère sur les symboles. Alain Juppé pourrait peut-être dire quelque chose de fort là-dessus. Remarquez, jusqu'ici, il pensait sans doute que ce n'était pas un sujet…

L'inquiétude montait. Cette invraisemblable histoire de burkini laissait présager une campagne dominée par les thèmes identitaires. C'est bien sûr dans ce bain que Marine Le Pen – en bikini tricolore – nage le mieux ! Ce ne sera finalement pas le cas. Mais à ce moment-là de la campagne naissante, les journalistes comprennent qu'ils seront, eux, un élément, un thème de débat et de controverse. La question se posait alors aux commentateurs :

sommes-nous déconnectés de la vie réelle ? Sommes-nous hors sol ? C'est le reproche que nous faisaient les candidats qui se voulaient les représentants du peuple. Ils savaient parfaitement que le métier de journaliste a perdu beaucoup de son aura, de sa crédibilité. La confiance ne règne plus. Ils vont en jouer pour tenter de restaurer leur crédibilité sur le dos de la nôtre… c'est de bonne guerre, nous avons collectivement essayé de faire de même (consciemment ou non) sur le dos des dirigeants et des élus. Nos confrères américains vont vivre une attaque similaire – à beaucoup plus grande échelle – avec Donald Trump durant les derniers mois de campagne. Nicolas Sarkozy s'engouffrera dans ce thème du décalage entre la réalité que sont censés vivre les « vrais » gens et la façon dont cette réalité serait dépeinte par les médias. Par les médias honnis mais aussi par ses concurrents comme Alain Juppé, accusé d'être le candidat – avec la complicité de la presse – de la France qui va bien, de négliger la France d'en bas, plus massive, rurale et périurbaine, plus angoissée, silencieuse, et proie idéale pour le FN.

30 août 2016

Nicolas Sarkozy a tenu hier sur RTL un propos symptomatique de la situation un peu désespérée dans laquelle se trouvent les politiques face à leur rejet par les Français : « Est-ce qu'on va être capable, dit l'ancien président, de décrire la réalité que vivent les Français ou alors va-t-on décrire une réalité virtuelle ? Voilà le défi essentiel, poursuit-il, de cette campagne. » Cette phrase dit tout de son positionnement et du ton du moment. On pourrait y voir un souci louable. Après tout, il faut bien tenter de renouer le fil avec des Français exaspérés qui ont l'impression d'être méprisés par une élite déconnectée. Nicolas Sarkozy estime, pour éviter que les électeurs les plus angoissés ne se réfugient dans le vote FN, qu'il faut les conforter dans leur vision du monde. Il ne peut pas le faire sur les questions économiques et sociales parce que cela le déporterait vers la gauche (ou le programme social du FN), et le détournerait de beaucoup d'autres électeurs classiques de la droite qui vont plutôt bien. Alors il le fait sur les questions identitaires et de sécurité, et adopte, du coup, la perception du monde la plus déprimée, la plus noire.

Cette vision ne reflète que partiellement la réalité.

Toutes les catégories de la population voient la société par le prisme forcément déformant et parcellaire de ce qu'elles vivent, dans leur environnement immédiat mâtiné de ce que les médias renvoient. Ainsi la population des zones périurbaines, assez près des villes pour en avoir peur, trop éloignée d'elles pour vraiment la connaître, a une image de l'immigration quelque peu déformée, tout comme d'ailleurs ceux qui vivent dans les quartiers urbains aisés et ethniquement homogènes. Nicolas Sarkozy dit vouloir être le porte-parole du peuple, celui qui comprend son désarroi et sa souffrance. Il relaie donc cette vision de la France envahie, au bord de l'effondrement. Le problème c'est que, en faisant sienne cette vision catastrophiste, il participe à sa validation. D'où le débat un peu ésotérique sur « identité heureuse » versus « identité malheureuse » qui le conduit à faire des propositions-prozac, plus pour calmer des angoisses que pour véritablement régler des problèmes. Ainsi, l'idée de stopper le regroupement familial constitue une réponse à un ressenti plus qu'à une réalité. Tant pis si le regroupement familial, c'est 22 000 personnes par an. C'est-à-dire rien qui puisse expliquer la situation de la France. Le piège est là. Expliquer qu'interdire le regroupement familial ne résoudrait rien et créerait des situations humaines terribles, c'est être taxé de technocrate hors sol, d'idéaliste irresponsable ou naïf. Accusation moyennement efficace lors d'une élection générale, mais dévastatrice dans le cadre d'un scrutin réservé aux électeurs de droite. La primaire de la droite, sous la pression d'un FN surpuissant, peut s'avérer être une machine infernale à simplification, on le mesure aussi en ce moment à travers des propositions à l'emporte-pièce et absurdes comme envisager de réformer la Constitution pour pouvoir interdire le burkini. Sale temps pour la complexité et le discours rationnel.

Le débat sur l'appréhension du réel se poursuit tout au long de la campagne. Chaque camp qualifié différemment suivant l'actualité dominante du moment (gauche/droite, progressiste/conservateur, ouvert/fermé, européen/souverainiste) s'affronte à un autre, non seulement sur les solutions à apporter au pays mais aussi sur le diagnostic de l'état de la France et de sa société. Les intellectuels et journalistes, sans être directement liés à un candidat, s'affrontent par médias interposés. Les déclinistes conservateurs qui tiennent le haut du pavé médiatique depuis quelques années comptent bien transformer ce qu'ils estiment être leur domination culturelle en victoire politique… Les médias et singulièrement l'audiovisuel public sont souvent pris à partie dans ces débats. Ce matin d'octobre je décide de participer à l'affrontement et de défendre France Inter attaquée.

4 octobre 2016

Ce matin je suis un peu énervé par une consœur… agacé par Natacha Polony qui, dans la foulée de quelques intellectuels de droite ou d'extrême gauche, ou les deux à la fois (ou l'inverse), et de quelques hommes politiques en ce moment qui se raidissent particulièrement contre l'audiovisuel public, a écrit une tribune dans *Le Figaro* ce week-end, avec au détour d'une phrase cette assertion sur le ton de l'évidence : « On ne peut plus prononcer le mot "nation" sur l'audiovisuel public sans être traité de fasciste. » Vous me direz ce n'est rien, l'audiovisuel public subit ces raccourcis et caricatures à longueur de temps. Natacha Polony, comme à sa façon Éric Zemmour, ainsi que d'autres personnages, d'une autre trempe intellectuelle, comme Michel Onfray, nous décrivent en permanence comme des bien-pensants, membres de je ne sais quelle police de la pensée, terroristes intellectuels qui, en censeurs, en chiens de garde d'une élite déconnectée, ne donneraient la parole qu'aux eurocrates libéraux, aux pro-mariage gay, aux mondialistes, et aux droit-de-l'hommistes. Désolé Patrick, vous venez, avec votre 7 h 43 sur Alep, d'en donner un exemple flagrant : vous avez critiqué la nation en la personne de ce grand nationaliste qu'est Vladimir Poutine…

Nous serions éloignés du peuple…

C'est bien connu, nous qui avec nos salaires mirifiques vivons tous à Saint-Germain-des-Prés sommes incapables de comprendre la vraie douleur du vrai peuple français oppressé par une angoisse identitaire, que nous ignorerions du haut de notre position déracinée. Pro-immigrés, pro-réfugiés, nous serions les idiots utiles de l'islamisme radical. Cette description, qui peut, avouons-le, s'appuyer parfois sur quelques-uns de nos travers, n'en est pas moins une caricature grossière. Revenons à la phrase de Natacha Polony : « On ne peut plus prononcer le mot "nation" sur l'audiovisuel public sans être traité de fasciste. » Où a-t-elle entendu ça ? De qui parle-t-elle ? En fait je trouve cette phrase assez grave. Nous parlons de nation, peut-être certains d'entre nous pointent-ils (humoristes, chroniqueurs ou reporters) l'instrumentalisation pour des raisons politiciennes de ce concept, mais nous invitons régulièrement des hommes politiques et des intellectuels comme Régis Debray ou Jean-Pierre Chevènement (puisque Natacha Polony, dans ce papier, dénonce surtout l'ostracisme contre les théoriciens de la nation plutôt de gauche). France Inter et France culture ont beaucoup plus d'émissions historiques, qui parlent de la France, de la République, et même de la nation, que les radios privées. Je ne me souviens pas avoir entendu Jean Lebrun traiter de fascistes ses invités quand il est question, comme souvent, de la nation française dans ses émissions. Peut-être, il est vrai, préfère-t-il le récit national au roman national... après tout il est journaliste et historien, pas romancier ou idéologue. Et c'est vrai que lorsque Nicolas Sarkozy parle de « nos ancêtres les Gaulois » et que l'on retrouve l'archive du candidat de 2007 qui dit exactement le contraire, on le qualifie (de façon implicite) d'inconstant, en aucun cas de fasciste. Non, il n'y a pas de ligne pro ou anti nation à France Inter... d'ailleurs, je dois avouer que je ne comprends même pas ce que pourrait être une ligne pro ou anti nation...

La victoire de Donald Trump est un choc ! Après le Brexit de juin, l'avènement aux États-Unis d'un président populiste accentue ce débat sur la déconnexion de la presse. Nous nous interrogeons, en conférence de rédaction, lors de nombreuses discussions entre journalistes... Nous nous sentons remis en cause. Nous le sommes et nous doutons... c'est déjà ça !

14 novembre 2016

Après la victoire de Donald Trump, la presse est accusée d'être déconnectée du peuple... Cette théorie est véhiculée par nombre d'intellectuels qui estiment que la presse est une caste hors sol, composée de privilégiés, alors qu'elle est désormais très majoritairement peuplée de pigistes et de précaires. Ce sont eux qui font les reportages, vont chercher l'info et ont, bien souvent, une vision globale du monde plus complexe que celle véhiculée par les démagogues. Qu'ont fait, en réalité, la plupart des journaux américains, ces derniers mois ? Ils ont pris ce qui était dit par les candidats pour le confronter aux faits et à la réalité. Il ne s'agissait pas de dénier aux politiques toute possibilité de changer la réalité, il s'agissait de déterminer si leurs diagnostics s'appuyaient sur des réalités ou des fantasmes. Et le résultat (réchauffement climatique, immigration, sur quasiment tous les sujets, en fait) était éloquent : la description du monde par Donald Trump renforçait sciemment la perception apeurée que pouvaient en avoir les Américains en proie au déclassement. La presse écrite, les radios publiques américaines, les grandes chaînes hertziennes, ont passé cette campagne à décortiquer les erreurs factuelles, volontaires et manipulatoires de Donald Trump et de Hillary Clinton : le magnat de l'immobilier est apparu champion toute catégorie du n'importe quoi. Télés tout info trash, radios évangéliques (très puissantes au cœur des États-Unis), sites Internet conspirationnistes, réseaux sociaux, ont fait l'inverse de la presse.

Et Ils ont gagné ! C'est quand même fort de dire que la presse ne comprend pas le peuple, juste parce qu'elle s'attache à déconstruire le monde simpliste et binaire proposé par les démagogues ! Le choix de la presse de soutenir Hillary Clinton (pourtant détestée pour être l'incarnation du monde cynique de la finance), choix par défaut, était le choix du candidat qui trafique le moins la réalité à son profit ; bref, le choix triste de la rationalité contre le fantasme... Rationalité, notion, il est vrai, en chute libre. Ce choix (qui est aussi – rappelons-le – celui d'une majorité d'Américains, en nombre) ne veut pas dire que la presse est déconnectée (ou vit dans un entre-soi) mais simplement qu'elle n'est plus le vecteur principal d'information par lequel les citoyens cherchent à comprendre le monde. Internet, les réseaux sociaux, les algorithmes, qui fabriquent une pensée en vase clos et réduisent le champ de vision, sont maintenant beaucoup plus puissants que les journalistes. Les saillies antisystème, venues de caricatures du système, ont été les plus efficaces. Allons-nous vivre ça, nous aussi, dans les mois qui viennent ? (Ça a déjà commencé avec la primaire de la droite...) Les candidats démagogues s'opposent à la presse en vertu de cette stratégie que les communicants américains appellent « *the big picture* » : il s'agit de décrire un monde de préférence effrayant, un monde duquel le candidat le plus gueulard et brutal est l'évidente et seule solution. Tentez de casser ce *big picture* en en revenant aux faits, et vous serez, à coup sûr, accusé de déconnexion d'avec le peuple. Nous sommes en train de glisser dans ce piège.

La presse « déconnectée »... c'est en fait l'un des aspects d'une autre constante de la campagne : l'antisystème... la presse étant désignée comme le clergé du système.

19 janvier 2017

Le thème de l'antisystème est toujours très présent dans la campagne...

Et quand on se penche un peu sur le sujet, on comprend vite que c'est très largement une belle arnaque. C'est à croire qu'il n'y aura, en lice pour 2017, que des candidats antisystème. Depuis quelques années, il en va du système comme de l'enfer chez Jean-Paul Sartre, « le système c'est les autres ». Le premier à avoir enfourché le cheval fougueux de l'antisystème, c'est Jean-Marie Le Pen, dans les années 80. Il n'inventait rien, il reprenait la vulgate de l'extrême droite des années 30 contre le système de la finance apatride et forcément juive. L'antisystème a cette origine et ce mauvais fumet. Le Pen était plus allusif, bien sûr, et combattait ce qu'il appelait l'« establishment ». Un mot anglais pour bien montrer l'influence néfaste du libéralisme anglo-saxon. L'establishment regroupait dans son esprit les médias, la finance et les partis institutionnels de la (je cite) « bande des quatre » :

PC, PS, UDF et RPR de l'époque. L'antisystème est très pratique, parce qu'il dénonce un conglomérat assez nébuleux, un ennemi fantasmé incapable de se défendre puisque personne ne se sent personnellement visé. En dénonçant le système, on ne risque pas de se retrouver dans un débat face au président de SOS système ou de Touche pas à mon système.

Et comme ça marche, tout le monde se met à faire de l'antisystème !

Emmanuel Macron a une démarche dite antisystème puisqu'il se présente en dehors du système des partis établis et crée son mouvement, son propre système, qui a pour lui d'être tout neuf mais qui n'a encore rien prouvé sur sa capacité à représenter et proposer un projet cohérent. Ce sera l'affaire des semaines qui viennent. Marine Le Pen dit s'attaquer à un système plus global et dominateur : le mondialisme défendu par les médias, les banques et le système politique (attention pas les institutions, le FN est depuis peu devenu très favorable à la Ve République). François Fillon, lui, a repris le flambeau antisystème de Nicolas Sarkozy (oui, parce que Sarkozy, pourtant ancien président du système, se vivait comme l'homme du peuple contre l'élite). Fillon dénonce volontiers la bien-pensance dominante du système qui imposerait son terrorisme intellectuel, son politiquement correct, à une majorité silencieuse détentrice du fameux bon sens (ou du « Sens commun »). Jean-Luc Mélenchon, l'insoumis, est seul, glaive au poing, contre un système économique et politique dont les journalistes sont les valets zélés. En pointe contre un système décidément protéiforme, il y a donc une héritière de manoir à Saint-Cloud (qui a aussi hérité de son parti politique), un ancien conseiller élyséen, proche de tous les détenteurs des manettes des rouages économiques et étatiques, un ancien Premier ministre, qui fut élu député à 26 ans, un ancien mitterrandiste béat, longtemps sénateur. Mais après tout, souvent les révolutionnaires, depuis 1789, faisaient partie de l'élite. Seulement là nos contempteurs du système ne proposent, en fait, aucune vraie révolution ! La solution, pour en finir avec ce concours bêtifiant du « qui sera le plus antisystème », consisterait à ne prendre en compte dans le temps du débat qui nous reste (90 jours) que ce que les candidats proposent, et taire, ignorer (parce qu'on le connaît par cœur) ce qu'ils dénoncent !

II

La bulle Macron était, en fait, une fusée

« Le président Macron »… ces deux mots accolés et l'image du jeune homme qui va avec constituent, en eux-mêmes, un choc pour tout un peuple habitué à élire des chefs d'État madrés, couturés, des combattants de longue date, des chefs de parti, héritiers de lignées politiques enracinées… En France, et sous l'empire de la Ve République, le Président ne préside pas par délégation mais par incarnation. Emmanuel Macron l'a mieux compris et préparé que quiconque.

Il n'est pas passé par ces chemins escarpés et accidentés du destin. Il n'a ni fait de guerre ni perdu (ni gagné d'ailleurs) d'élections. Son histoire courte et brillante n'a rien (avant de devenir président) d'extraordinaire. Il a été élevé dans une famille bourgeoise, ouverte et catholique. Il a été intellectuellement nourri, par sa grand-mère lettrée. Il s'est imprégné, pendant une enfance confortable et douce, de culture livresque et populaire. Il aime et connaît par cœur Barbara, les poètes classiques et modernes, mais ne craint pas de rire aux pièces du théâtre de boulevard. Il est français, enraciné mais pas accablé de nostalgie, ni effrayé par ce qui serait le délitement de l'âme du pays dans un mondialisme uniformisateur. C'est un petit Français, « rien qu'un petit Français » comme dans la chanson *Revoir Paris* de Trenet. Il est audacieux et doué, ambitieux, cultivé et réseauteur, sympathique et sans freins, à l'aise partout, en toutes circonstances, sur les rails droits de l'élitisme et de la réussite bien de chez nous. Il n'a trahi qu'une fois pour arriver à ses fins et à l'âge où ses prédécesseurs avaient déjà planté quelques couteaux dans quelques dos, en aiguisaient d'autres, Brutus en série, pour se frayer un passage sur ce chemin surpeuplé vers l'Élysée.

Fin août, Emmanuel Macron quitte le gouvernement. Il n'est pas encore officiellement candidat mais le doute n'existe plus. Celui que, dans la première chronique où je le citais incidemment, deux ans auparavant, j'appelais Marcon, avait-il une chance de l'emporter ? C'était la question à neuf mois du scrutin. Et contrairement à la légende entretenue plus tard, pour renforcer l'idée de l'exploit et parfaire le mythe de l'odyssée, l'hypothèse Macron à ce moment-là n'était pas, même avant la primaire de la droite, improbable du tout. Il n'y avait qu'à l'Élysée que l'on voulait croire qu'Emmanuel Macron ne se déclarerait pas avant de savoir si François Hollande, lui-même, se présenterait. Quant à moi… j'évoquais – ce n'était pas une position originale – un alignement de planètes improbable… une série de « à moins que » qui laissaient une porte ouverte, ou plutôt entrouverte.

1er septembre 2016

François Hollande, Manuel Valls et les responsables du PS déplorent « l'aventure personnelle » d'Emmanuel Macron.

D'abord, les indécisions de François Hollande, l'ambiguïté originelle de son discours de 2012, le sentiment qu'il donne de préférer la tactique à la vision, ont fait du Président le premier responsable de la situation dans laquelle se trouve la gauche. François Hollande est maintenant l'avion de la chanson de Charlélie Couture, sans ailes, ni droite ni gauche. Trois (pour l'instant) de ses anciens ministres veulent se présenter à la présidentielle, même contre lui (trois dont deux anciens locataires de Bercy qui représentent deux politiques économiques différentes). Néanmoins, oui, En marche ! est une aventure personnelle. Et c'est très embarrassant, pour tous ceux qui ont une conception collective de la politique. Vous remarquerez, par exemple, que, si l'on connaît ses positions sur les questions économiques (et s'il n'est, d'ailleurs, pas illégitime qu'elles soient représentées dans le débat de la présidentielle), on ne sait rien de ce qu'Emmanuel Macron pense de l'éducation, la culture, la justice, l'immigration, la sécurité, l'environnement, les affaires du monde. On sait vaguement qu'il n'a pas apprécié l'épisode de la déchéance de la nationalité… qu'il aurait préféré que François Hollande ait l'attitude d'Angela Merkel vis-à-vis de la vague migratoire… mais pour le reste, rien. Le spectacle du Puy-du-Fou qu'il a apprécié correspond-il à sa vision de l'histoire ? Vibre-t-il plus pour le sacre de Reims ou pour la fête de la Fédération ? Pour la rose ou le réséda ?

Il a quelques mois pour développer ses idées…

Même quand il aura multiplié les interviews, publié sans doute un livre, sur les sujets essentiels, on sera toujours sur notre faim, forcément, parce que ce ne seront que les positions d'un homme… Qui représente qui, quoi, quelle tradition politique ? Des positions discutées avec quelles instances, avec quels militants, issues de quelle lignée idéologique, si ce n'est d'une grande consultation Internet ou du porte-à-porte de l'été 2016 ? Ce sera l'avis d'un homme, aussi brillant et charmant soit-il ! Fragile comme l'avis d'un homme seul de 38 ans, ni de droite ni de gauche. Pourquoi pas, mais alors cela veut dire que la politique (qui a toujours aussi été affaire d'ego) n'est plus la traduction d'aspiration collective enracinée dans une histoire sociale. Pour changer cette impression très gênante, Emmanuel Macron va devoir, en quelques mois, trouver le moyen de transformer En marche ! en réel mouvement politique capable d'affirmer de façon crédible d'où il vient, de qui il est héritier politique, de dessiner un horizon, un but un peu plus dense et global que celui qui consiste à dire : libérons les énergies, laissons les Français faire des affaires, et tout ira mieux. Il faut qu'il trouve, au moins, un « récit », comme dit la vulgate de la communication. Mais il lui sera très difficile de bâtir ce récit à partir de ce qui reste encore de beau en politique : l'aventure collective.

5 octobre 2016

« Disruptif »...

Si vous voulez avoir l'air dans le coup en ce moment, utilisez cet adjectif, dites que votre idée est disruptive, ou le verbe, dites que vous voulez disrupter le système... Alors qu'est-ce que ça veut dire ? (Ce n'est pas le tout d'être dans le vent.) Ce mot, de la novlangue entrepreneuriale, vient de la Silicone Valley. Une innovation disruptive est une innovation de rupture, c'est-à-dire qui casse les codes du domaine dans lequel elle innove. Airbnb disrupte l'hôtellerie, Uber disrupte les taxis, les réseaux sociaux disruptent les médias... Ce sont des innovations qui ne procèdent pas de l'optimisation de ce qui existe déjà mais qui impliquent, du fait d'un saut technologique très important (la numérisation par exemple), un changement de nature total du marché. La disruption, on le comprend, en économie est source de grands bouleversements, de grands désordres et aussi de grandes opportunités. Uber met en danger toute une profession mais permet à toute une population, qui n'avait pas l'idée de prendre un taxi, de se déplacer ainsi. Airbnb détruit l'hôtellerie mais permet à toute une population qui n'avait pas l'habitude d'aller à l'hôtel de voyager en se logeant bien...

Emmanuel Macron veut disrupter la présidentielle de 2017...

Il se dit disruptif... déjà parce que son irruption dans le monde politique apparaît comme une innovation qui ringardiserait les vieux briscards… Mais il ne suffit pas de se vouloir disruptif et, pour l'instant, sa façon d'être en marche vers le pouvoir ne casse franchement pas les codes. Bien sûr, il se présente hors des appareils habituels mais il crée son propre appareil qui devra bien passer, pour atteindre les manettes de l'État, par les élections présidentielles et législatives, comme les autres. Il fait des discours, des selfies, ses militants font du porte-à-porte, et ses solutions, évoquées hier à Strasbourg pour réveiller une démocratie déprimée, si elles sont intéressantes (et pour certaines novatrices), ne constituent pas non plus (la proportionnelle, par exemple) une disruption. Il ne suffit pas d'introduire le numérique et une dose de tirage au sort, d'horizontalité, pour être le Uber de la politique qui fera passer Hollande, Juppé ou Sarkozy pour de vieux chauffeurs de taxi râleurs avec lesquels plus personne ne veut plus voyager. Pour être disruptif, il faudrait au moins qu'Emmanuel Macron arrive (c'est son ambition) à entraîner dans l'engagement politique toute une population qui se détournait de la chose publique. Mais attention, l'un des aspects de la disruption c'est que les bouleversements entraînés sont insoupçonnés. Ainsi, l'inventeur du phonographe (invention disruptive s'il en est) pensait que la principale application de son engin serait de conserver la voix des morts ! Il n'avait pas perçu que ça allait surtout révolutionner la musique. Si Macron se prétend disruptif… alors il ne sait pas ce que ses innovations institutionnelles, notamment (puisque c'était le sujet du discours de Strasbourg), donneront. Pas sûr que le mot « disruptif », aussi cool soit-il, soit finalement très rassurant dans le domaine politique.

Emmanuel Macron avait stratégiquement raison. Il avait bien vu (ou avait eu beaucoup de chance, ce qui est une façon d'avoir raison) que l'état du PS et de LR était tel, ou allait devenir tel, que le renouvellement se réaliserait forcément en rupture avec ces partis. Bruno Le Maire qui, comme Emmanuel Macron, avait compris que l'un des ressorts de 2017 serait la volonté du peuple français de changer « les visages et les usages » n'avait, en revanche, pas perçu (et moi non plus comme vous le constaterez dans la chronique qui suit) que rien de neuf ne pourrait émerger des primaires de la droite et du centre ou du PS. Au soir de la compétition interne à la droite, et « fort » de ses pitoyables 2,3 %, Bruno Le Maire que je croise devant les locaux de l'organisation de la primaire me glisse : « C'est Macron qui a raison... le cadre des vieux partis ne permet pas à l'aspiration au renouvellement de s'exprimer, il faut rompre, transgresser, je ne l'ai pas fait assez... ce n'est de toute façon pas possible dans le cadre d'une primaire. » Rien d'étonnant dès lors que Bruno Le Maire soit aujourd'hui l'un des principaux ministres d'Emmanuel Macron.

Quelques semaines avant ce constat de Bruno Le Maire je raisonnais, dans l'édito qui suit, selon d'anciens schémas. J'en avais discuté avec quelques responsables macroniens venus de la gauche. Ils pensaient comme moi qu'Emmanuel Macron aurait toutes les chances de gagner la primaire des socialistes et ne comprenaient pas pourquoi il s'évertuait à renoncer à s'y présenter. Nous sous-estimions la volonté du pays d'en finir avec le clivage droite-gauche ou tout simplement avec le personnel politique qui faisait vivre ce clivage artificiellement pour assurer la survie de leurs appareils politiques respectifs. Cette conviction macronienne ne pouvait pas aller de pair avec la participation à une compétition organisée par l'un des deux camps…

19 octobre 2016

Emmanuel Macron ne participe pas à la primaire des socialistes.

Il répète qu'il ne veut pas passer par la primaire socialiste. En réalité je me demande pourquoi Emmanuel Macron fait tant de déplacements, tant de discours, pourquoi il abat tout ce travail conceptuel, pourquoi il dépense tant d'énergie à élaborer un programme avec ses volontaires d'En marche, pourquoi il lève tant d'argent pour, au fond, n'avoir aucune chance d'être élu président ? Quel espace pourrait avoir Emmanuel Macron dans un environnement politique occupé par un candidat de droite (plus François Bayrou si Nicolas Sarkozy gagne la primaire de son camp), un candidat socialiste issu de la primaire, un candidat écologiste, et Jean-Luc Mélenchon bien installé ? Alors que, s'il s'engageait dans le cadre de la primaire du PS et de ses environs, il aurait une chance non négligeable de la remporter. Mais surtout, avant cela, de susciter et d'enfin trancher un débat à gauche entre les tenants d'un social-colbertisme montebourien, d'une sociale-démocratie autoritaire vallsienne ou de compromis hollandaise et… d'un social-libéralisme macronien. Ce débat interne à la gauche serait intéressant et salutaire. Il représenterait une confrontation d'idées beaucoup plus franche et typée que ce qui avait prévalu lors de la primaire de 2011. Le seul chemin possible vers la victoire en 2017, ou vers le leadership de l'opposition jusqu'en 2022, pour Emmanuel Macron passe à l'évidence par la primaire socialiste.

Mais si Emmanuel Macron ne s'y présente pas, c'est peut-être parce qu'il n'est pas socialiste... Tout simplement !

Un détail ! Emmanuel Macron n'aurait aucun problème à trouver les parrainages socialistes pour concourir. Et puis les primaires, désormais, dépassent le cadre des partis organisateurs. On le voit bien avec la primaire de la droite et du centre qui intéresse au-delà des limites de ce camp. Emmanuel Macron dit qu'il est de gauche même s'il juge ce clivage autobloquant et mal défini. Une primaire ouverte, avec quelque 10 000 bureaux de vote à travers la France, prendra l'ampleur correspondant au débat que créerait la diversité des participants. Si Emmanuel Macron, par son libéralisme économique (terme qu'il réfute), peut apparaître de droite aux électeurs de gauche, en revanche, sur les questions de société, d'éducation, sur la politique de la ville, sur l'acceptation et même la valorisation de la différence, sur une laïcité décrispée (« aucune religion n'est un problème », dit-il), sur l'accueil des réfugiés qui est, selon lui, « un devoir historique », sur les libertés publiques aussi, il peut aisément apparaître plus à gauche que Manuel Valls, et même à certains égards, qu'Arnaud Montebourg... Je vais peut-être un peu vite en besogne, mais l'éloignement de la perspective d'une candidature de François Hollande change la donne. Certains des proches de Macron militent, en ce moment, pour que leur héros s'engage dans la primaire socialiste. Il n'est d'ailleurs pas exclu que cette solution soit aussi logée, dormante, attendant que les conditions soient réunies... quelque part dans le cerveau d'Emmanuel Macron lui-même.

À la surprise pas du tout générale, Emmanuel Macron se déclare... et toujours cette question : peut-il le faire ? Disons que là je suis plus visionnaire...

16 novembre 2016

Emmanuel Macron annonce donc sa candidature ce matin à Bobigny. A-t-il une chance pour 2017 ? Comment savoir ? La défiance et la colère grondent contre les élus et ce qu'il est convenu d'appeler le système ! Si un milliardaire héritier de l'immobilier américain peut incarner la révolte antimondialisation, si, chez nous, une héritière de château bourgeois de Saint-Cloud peut représenter le peuple en souffrance, pourquoi un ancien banquier, énarque, jamais élu, ne pourrait-il pas, après tout, renverser la table des convenances politiques ? Peut-être parce que, s'il est dans la transgression programmatique par rapport à son camp d'origine, il n'est pas dans la protestation et l'outrance, comme Trump ou Le Pen... Mais il est dit qu'en politique nous allons voir tout et le contraire de tout, et qu'il faut se départir des schémas habituels. Macron peut vite apparaître comme une escroquerie politique, un Brutus survendu et hors sol ou comme la représentation déracinée d'un monde fantasmé par la fameuse « élite déconnectée ». Élite qui voudrait – pour éviter le vrai bouleversement – proposer un faux contre-modèle, un semblant de révolution populo-centriste, sans autre assise que l'ambition glamour d'un charmant garçon.

Ou… ou, pourquoi pas, assistons-nous à la mise en place d'une proposition sérieuse qui s'appuie sur un diagnostic honnête et sans tabou, d'un antisystème ouvert, de l'ubérisation nécessaire d'une droite et d'une gauche devenues hémiplégiques. Le FN serait la face sombre et pessimiste de la révolte, Macron en serait la face lumineuse et optimiste. On a encore un peu de mal à le voir endosser les habits de la critique sociale mais au moins recherche-t-il un créneau politique qui a une forme de cohérence. La cohérence d'un certain libéralisme tempéré qui tente de s'adapter au monde qui vient. Nos schémas classiques, aidés par nos institutions qui favorisent le binaire, ont séparé des pensées d'inspiration libérale qui étaient faites pour se réunir. Dans le domaine social, Emmanuel Macron veut casser ce qu'il appelle les droits formels, des statuts qui ne protégeraient plus vraiment ceux qui en sont les détenteurs et qui excluent ceux qui ne sont pas dans le système. Sa déclaration de candidature depuis Bobigny, en Seine-Saint-Denis, n'est pas anodine. Macron est libéral en économie. Généralement, les libéraux français sont conservateurs sur les questions de société. Lui non. Il s'oppose fortement à la droite sur les sujets d'éducation, sur l'immigration, la définition de l'identité exprimée comme un repli. Emmanuel Macron a dans sa besace de quoi ringardiser la droite, qui n'a pas l'air (on le voit avec la primaire) d'envisager réellement la révolution numérique, l'ubérisation de l'économie… Il peut aussi faire apparaître la gauche poussiéreuse et engluée dans des logiques d'appareil qui n'intéressent que ses cadres. Emmanuel Macron est-il un soufflé, une lubie médiatique ? Ou une vraie offre politique qui s'apprête à révéler son épaisseur, sa substance ? La réponse à cette question ne dépend pas que de lui et de son mouvement mais réside aussi dans la nature du débat qui naîtra, en janvier prochain, de la primaire des socialistes. Pour l'instant Macron peut nourrir quelques espoirs.

En cette fin 2016, la question qui taraudait l'ensemble du monde politique (journalistes et élus) avait trait à la nature de la bulle Macron. Pour ma part j'y croyais raisonnablement. Je pensais qu'avec un peu de chance et selon des conditions particulières (pas celles qui adviendront bien sûr) il pouvait gagner. La France voulait un grand chambardement. Tout allait dépendre de son état d'exaspération, de la nature et de l'intensité de la crise identitaire qui secouait le pays. Est-ce que le chamboule-tout pouvait aller jusqu'à l'élection de Marine Le Pen ? Depuis l'élection de Donald Trump, l'hypothèse est plausible. C'est le vent de l'histoire. Un mauvais vent qui balaie les démocraties. Pourquoi y échapperions-nous ? Mais Emmanuel Macron n'est pas Hillary Clinton, lui aussi propose un chamboule-tout… Que veut la France ? À la veille de 2017 on sent bien que le pays n'est pas encore, comme nous le sommes, nous les « commentateurs », les « observateurs », à fond dans la campagne. Les Français observent le parcours audacieux d'Emmanuel Macron comme on regarde une série. Ils n'en sont pour l'instant que les spectateurs extérieurs… Ce qui ne rend pas l'analyse facile au jour le jour.

12 décembre 2016

Phénomène Macron, bulle médiatique ?

C'est la question qui taraude les socialistes embarqués dans leur primaire qui sent un peu le renfermé des congrès PS. Une primaire indéchiffrable avec chaque semaine un nouveau candidat dit « du rassemblement » ! Macron, « bulle », c'est aussi l'affirmation de toute une partie de la droite, en plein repli conservateur, qui espère que ce candidat, au profil et au programme propices à rogner au centre, va bientôt exploser en vol, victime du trop-plein de vide, puisque tel est le destin des bulles. Bulle médiatique, c'est ce que l'on se dit également du côté de chez Mélenchon... Ce n'est pas possible qu'un libéral, un banquier propret, impliqué dans l'échec du social-libéralisme initié depuis deux ans, embarque avec lui une partie du vote populaire et de classe moyenne, alors que la gauche de la gauche tente désespérément, depuis des années, de raccrocher les wagons avec cette partie de la population ! « Bulle » se disent tous ceux qui constatent que Macron, qui prétend rénover la politique, use et abuse, en fait, des grosses ficelles de la peopolisation, des unes de *Paris Match* et ses pathétiques scènes d'un naturel négocié. « Bulle », c'est ce que disent enfin les shootés à la vieille politique, ceux qui pensaient que, forcément, Nicolas Sarkozy allait cornaquer la primaire de droite, que forcément François Hollande allait se présenter.

Selon la mystique gaullienne, fondatrice de la Ve République personnaliste, dont les ressorts (on peut le regretter mais c'est ainsi) sont toujours en vigueur, l'élection présidentielle c'est la rencontre d'un homme (à l'époque on n'avait pas prévu l'hypothèse d'une femme), du peuple et (on oublie toujours ce troisième élément) des circonstances ! Les circonstances, c'est-à-dire le contexte et les aspirations populaires qui en découlent. Et, il faut bien le constater, Macron coche beaucoup de cases des aspirations du moment : renouvellement et dépassement du vieux système partisan et de ses figures ; et puis ces aspirations apparemment contradictoires à plus de liberté et plus de protection. Par une démonstration de force lors du méga-meeting de vendredi, le candidat (qui doit encore apprendre à réguler les décibels de ses crescendos de fin de discours) a énoncé l'ébauche d'un programme (avec son idée de personnalisation des parcours) qui prétend répondre à cette double aspiration à plus de liberté et plus de protection. Il y a donc un candidat qui arrive à engendrer (pour l'instant) un engouement populaire, une organisation qui se structure au fil des mois, un projet dont on commence à voir vers quelle France il prétend nous amener. On peut approuver ou pas le contenu… le trouver encore un peu vaseux, mais pour une bulle ça commence à devenir chargé. Soit elle éclate rapidement, coincée entre un puissant Fillon et l'éventuelle force du débat de la primaire du PS, soit… ce n'est pas une bulle, il faudra compter avec la candidature Macron. Un destin politique éphémère et vain à la Jean-Jacques Servan-Schreiber, ou l'incarnation du renouvellement qui accède au pouvoir (ou au moins à ses portes), imprévu et singulier, comme cela se passe en ce moment dans tant de démocraties fatiguées.

12 janvier 2017

Ce soir, premier débat de la primaire du PS et de ses alliés… Emmanuel Macron ne participe pas à cette compétition mais sera quand même très présent. On commencera à évaluer, ce soir, la capacité du PS à faire émerger une candidature capable non pas de gagner l'élection présidentielle (on n'en est pas encore là) mais simplement de concurrencer les offres déjà solidement installées de chaque côté de cette gauche en pleine crise d'identité : Jean-Luc Mélenchon et Emmanuel Macron. Ces deux-là arrivent, pour l'instant, à proposer deux caps, plus alternatifs et identifiés que ce qu'offrent les candidats à la primaire. C'est surtout l'ombre d'Emmanuel Macron qui plane, menaçante, sur la compétition. Il n'y a plus grand monde au PS pour prétendre que la candidature de l'ancien ministre de l'Économie est une éphémère bulle médiatique, sur le point d'éclater. Macron est au centre de toutes les discussions entre responsables socialistes. On sait maintenant que la primaire ne réglera pas le problème de la division à gauche. Fin janvier il y aura bien quatre candidats (avec l'écologiste Yannick Jadot) à la gauche de François Fillon. Se posera donc très vite la question du rassemblement, donc de l'abandon pour au moins l'un des candidats, sous peine d'élimination certaine de tous, dès le premier dimanche de la présidentielle en avril.

Si l'un des candidats devra sans doute se retirer avant le premier tour, la pression sera très forte sur deux d'entre eux : le socialiste et Yannick Jadot. Jean-Luc Mélenchon ne se situe pas dans une éventuelle coalition avec les trois autres et Emmanuel Macron est pour l'instant trop solidement installé pour céder. Macron est en forme, alors que le macronisme n'est encore qu'une approche, une promesse de renouvellement, pas encore un projet, encore moins un programme ! Le passage très bientôt à la phase projet plus précis le renforcera-t-il ou le détruira-t-il ? On sera vite fixé. En attendant, personne dans son propre mouvement ne voudrait ou ne serait en mesure de lui demander de s'effacer pour un socialiste. En revanche, après quelque temps d'éventuels mauvais sondages pour le candidat PS désigné, la pression de la base même du parti et des élus (qui aimeraient bien pouvoir l'être encore en 2017) serait très pesante pour inciter à rassemblement derrière Emmanuel Macron. Et là nous pourrions toucher du doigt l'importance très spécifique qu'auront les sondages, dans les semaines qui vont suivre la primaire. L'actuelle forme insolente de Macron pèse aussi sur le moral de la droite. La dynamique Fillon a un petit coup de mou, à cause du flou sur la Sécurité sociale. Dans l'entourage de l'ancien Premier ministre monte une sourde inquiétude : beaucoup de responsables LR estiment que Macron a des chances de gagner mais que la majorité législative, après juin 2017, sera de droite et donc, que l'éventuel président Macron devra nommer un gouvernement à dominante LR. De nombreux leaders du centre droit seront (sont déjà) enclins à ménager le candidat En marche ! pour ne pas insulter l'avenir... Nous sommes donc dans un moment Macron. Ce soir, on verra si le débat peut être un élément de renversement de cette situation. Les débats, après tout, on l'a vu en 2011 et en novembre dernier, peuvent être décisifs.

La chronique qui suit montre de façon assez significative qu'au début de l'année 2017 je voyais (c'était un sentiment assez largement partagé) le macronisme simplement comme une opération inédite, et sans doute gagnante de régénérescence, de la branche modérée de la gauche. Le caractère transpartisan du mouvement, bien que revendiqué fortement par Emmanuel Macron, n'apparaissait pas encore comme le moteur essentiel de la future dynamique. Il semblait, à l'époque, qu'Emmanuel Macron serait la forme victorieuse de cette gauche modérée, mendès-rocardienne, qui n'avait jamais su s'imposer avec force au sein du camp progressiste. Le PS n'avait jamais su trancher entre son flanc radical, toujours imprégné de la lutte des classes, et son flanc modéré, au réformisme assumé. Il allait donc, de façon logique, être sanctionné par l'émergence de deux mouvements, La France insoumise et La République en marche allaient donc trancher le dilemme de la gauche, en lieu et place du PS. Ils le font de façon outrée. En réalité cette analyse s'est avérée incomplète.

17 janvier 2017

Ce matin j'évoque une situation inédite que la gauche de gouvernement risque d'avoir à affronter dans les prochaines semaines... La gauche a toutes les chances de se retrouver très vite au centre d'un conflit de légitimité... Dans douze jours la primaire accouchera d'un candidat. On peut aisément penser – instruit par l'expérience, restons prudent, voyons large – que ce sera l'un des trois suivants : Valls, Montebourg ou Hamon (appelons-le Manuel Hamontebourg, par une sorte de prudente convention, et parce que c'est plus pratique pour ma démonstration). Donc, dès le lendemain, et pendant tout le mois de février, les sondages (que personne ne croit) vont se multiplier et quand même réussir à installer une hiérarchie. Il y a aussi l'engouement populaire, l'affluence aux meetings comparée entre Jean-Luc Mélenchon, Emmanuel Macron et Manuel Hamontebourg. On risque de vite s'apercevoir que, si le socialiste se retire, alors Emmanuel Macron pourrait bien être en mesure de gagner cette présidentielle. Parce que la primaire de la droite n'a pas placé François Fillon sur une orbite très sûre et que la campagne de Marine Le Pen n'est pas encore tranchante.

La gauche peut donc gagner la présidentielle !

Emmanuel Macron du moins ! C'est un sentiment nouveau qui monte parmi les responsables politiques de tous bords. Dès lors, une terrible pression va s'abattre sur Manuel Hamontebourg. Et c'est l'appareil socialiste lui-même, ses élus, ses grandes personnalités, ses militants qui l'exerceront pour que leur candidat cède la place, si toutefois le rapport de forces reste celui d'aujourd'hui... c'est-à-dire un Macron autour de 20 %, un Mélenchon autour de 12 % et le socialiste autour de 10 %. L'opinion de gauche, qui redoute au plus haut point d'avoir à arbitrer au second tour de la présidentielle entre Marine Le Pen et François Fillon, accentuera cette pression. Et c'est là qu'apparaît le dilemme politique et démocratique : comment évaluer un rapport de forces fondées sur des terrains si différents ? Comment peut-on considérer qu'une série de sondages, et même une large affluence à des meetings, de bons taux d'audience à la télé, c'est-à-dire les éléments de la démocratie d'opinion, forment une légitimité supérieure à celle d'un vote populaire de 2 ou 3 millions de citoyens qui se seront déplacés, auront payé 1 euro pour choisir un candidat ? Bien sûr, si la participation à la primaire n'est pas ridicule, la légitimité démocratique d'un Manuel Hamontebourg sera plus importante que celle d'un Macron superstar des classements de popularité. Une urne restera toujours une source de légitimité démocratique, contrairement à un résultat de la Sofres ou d'Ipsos. Mais comment pourraient se dérouler les pourparlers entre un Manuel Hamontebourg qui aura reçu un premier mandat populaire mais qui ne pourrait, à l'évidence, pas gagner en mai et un Emmanuel Macron, candidat-autoproclamé mais qui apparaîtrait pour la gauche comme la seule possibilité d'éviter un duel final Fillon/Le Pen ? Ce sera (ce serait !) une situation inédite de conflit entre une petite mais réelle légitimité et la puissante promesse d'une future large légitimité lors de la reine des élections : la présidentielle. Le principe démocratique contre l'efficacité politique... Voilà un beau cas d'étude pour la science-politique, que nous allons vivre dans les semaines qui viennent.

L'exercice de l'édito quotidien au moment où naît un mouvement d'une telle ampleur que le macronnisme est passionnant et aussi très « casse-gueule ». Il est formidablement compliqué de tenter d'expliquer l'émergence d'un mouvement politique en même temps qu'il se crée. Contrairement à ce que l'on pourrait croire, et malgré l'intelligence politique d'Emmanuel Macron, le jeune président n'a pas tout calculé ni tout prévu. En plus du talent et de la *vista*, en plus d'une préparation minutieuse, le hasard, les événements (ce que de Gaulle appelait les circonstances) ont orienté, borné, limité, accéléré l'émergence éclair d'Emmanuel Macron et de son parti. Au jour le jour, pour tenter de comprendre – et de faire comprendre – il faut se référer au passé, aux expériences politiques qui peuvent paraître semblables, parce que aucune idée, aucune initiative politique ne naît du néant. Il n'y a pas de génération spontanée en politique. L'histoire et la géographie sont le terreau de toutes les aventures de prises du pouvoir victorieuses, même quand elles semblent totalement inédites. Mais il ne faut pas accorder à l'histoire et à la géographie trop d'importance non plus, au risque de passer à côté des ressorts actuels qui propulsent la machine En marche. Réfléchir tout haut et quotidiennement vous attire les foudres. Je ne me souviens pas d'avoir reçu, via les réseaux sociaux (il faut dire qu'ils n'étaient pas à ce point développés il y a cinq et dix ans), autant de messages critiques, violents et même souvent haineux. De la fachosphère bien sûr mais plus encore d'une poignée de trolls Mélenchonistes, qui visiblement ne supportaient pas qu'un édito de France Inter ne soit pas ouvertement, quotidiennement et radicalement anti-Macron. S'interroger sur un phénomène ne signifie pourtant pas qu'on l'approuve ou le désapprouve, mais pour ses opposants les plus farouches, voilà qui est inconcevable. La défiance affichée, souvent éructée, de Jean-Luc Mélenchon envers les médias n'a fait qu'amplifier cette acrimonie antijournaliste ambiante.

Février ! Emmanuel Macron devient évident. La chance (les « circonstances » !) lui sourit et, manifestement, il sait la saisir. À droite, le Penelopegate éclate et le PS s'est choisi une ligne politique pour ses prochaines années d'opposition plus qu'un présidentiable. Il est donc temps de se pencher sur ce Macron qui sera peut-être... sans doute, notre prochain président. Ce jour-là la matinale reçoit Emmanuel Macron et je fais ma chronique en sa présence. Je m'adresse donc à lui...

1er février 2017

Vous n'êtes pas, monsieur Macron, à l'évidence la bulle médiatique que prévoyaient ceux qui pensent que la politique se répète toujours. Il y a du monde dans votre sillage et vous commencez à constituer une réponse possible – non extrémiste – au désarroi qui s'est emparé d'une bonne partie des électeurs ces dernières années. Mais vous êtes une réponse pour l'instant évasive. Ça marche quand même parce qu'une dynamique politique prend quand chacun commence à y voir non pas forcément ce qui s'y trouve mais ce qu'il a envie d'y mettre. Et là, vous apparaissez comme une solution gentiment anti-système qui peut rassembler une grande partie de ceux qui veulent une alternative radicale mais sans repli ni bouc-émissaire. Seulement, tout ce qui fait de vous, en ce moment, le réceptacle de beaucoup d'aspirations ne suffit pas à vous définir

Je n'arrive pas à savoir qui vous êtes – politiquement – Emmanuel Macron !

Et si, selon la célèbre formule du cardinal de Retz, on ne sort de l'ambiguïté qu'à son détriment, il va quand même falloir y passer parce que votre succès actuel vient aussi de l'exaspération vis-à-vis de l'ambiguïté de ceux qui vous ont fait et que vous avez quittés. C'est bien beau de refuser les partis, de n'être ni de droite ni de gauche ;

c'est vrai, beaucoup de solutions à nos problèmes se heurtent à l'hémiplégie politique, et à certains moments de notre histoire (en 1945, en 1958 et sans doute maintenant) il faut une bonne dose de « si tous les gars du monde », mais quand même... Quand un candidat est issu du PS ou de LR, ça veut dire d'abord que sa démarche vient d'un collectif. La politique est une aventure collective et un parti politique c'est avant tout une lignée, des fidélités, une histoire, des solutions délibérées. La gauche démocratique, ça vient de loin, de l'affaire Dreyfus, de Jaurès et de Clemenceau, de Blum et de Rocard. Quand on est de droite, on se réfère à de Gaulle, on vibre à l'évocation de la France des cathédrales. Et quand on est candidat à l'élection présidentielle, si on est de gauche, on rajoute, dans son discours, une évocation de la France des cathédrales ; si l'on est de droite, on cite en exemple la probité de Jaurès ou l'humanisme de Blum. Bref, on fait l'effort d'aller vers l'autre France pour montrer que l'on peut représenter toute la France. Mais au moins, les électeurs savent d'où le candidat vient et à qui on a affaire. Vous, monsieur Macron, vous avez l'air d'être tout : ministre d'un gouvernement socialiste, qui s'extasie au Puy-du-Fou ! Ce syncrétisme est louable mais il est incroyablement prétentieux. Vous ne pouvez pas être toute la France quand même ! Vous n'avez pas l'air de celui qui, venant d'un camp, s'ouvre à l'autre. Vous semblez (sans passé politique) être de tous les camps. Au risque de n'être de nulle part. Vous citez de Gaulle et Mendès France comme source d'inspiration mais ces deux hommes se sont durement affrontés après la guerre sur la question des finances publiques et, en 1958 et 1962, sur les sujets institutionnels. On a besoin – par exemple – de savoir si vous êtes plus Mendès ou plus de Gaulle. En fait, pour pouvoir véritablement croire à votre œcuménisme, on a besoin de savoir si d'abord vous vibrez plus à l'évocation du massacre du mur des Fédérés ou à celle du massacre des chouans.

Emmanuel Macron un peu plus tard, en sortant du studio, avant un café dans le bureau de Laurence Bloch – la directrice de France Inter –, me glisse : « Évidemment je vibre au mur des Fédérés… pas du tout à celui des chouans… » Me dit-il ça parce qu'il se doutait que mon orientation était la même ? Qu'aurait-il dit à l'un de mes confrères dans les couloirs du *Figaro* ou de *Valeurs actuelles* ? Je doutai un peu, puis décidai de le croire. Toujours est-il qu'il s'était bien gardé de répondre à cette question à l'antenne… Le cardinal de Retz est très (trop !) prisé par nos présidents et ceux qui aspirent à le devenir.

Mi-février, le chemin semble dégagé pour Emmanuel Macron… Mais les sondages le placent bien derrière Marine Le Pen, en concurrence directe avec François Fillon autour de 20 %. Macron séduit mais ne lève pas le doute sur sa capacité à incarner la France. Le flou de son programme est pointé par tous. Que donnerait ce jeune homme propret face à Poutine, Trump ou Erdogan, les trois carnassiers autoritaires de la planète ? Est-il de taille à affronter la menace terroriste ? En ce début de mandat on n'observe pas de dynamique Macron. Certes, son organisation En marche ! recrute du monde mais lui semble manquer d'épaisseur. C'est la rançon du renouveau. On ne peut pas à la fois être neuf et prétendre avoir de l'expérience !

La solution peut venir de François Bayrou. Un ralliement du « vieux » leader centriste apporterait une forme de consistance au novice, dépeint tous les soirs sur TF1 en poupin immature par Nicolas Canteloup : « Plus que soixante dodos avant l'Élysée. »

Le 16 février j'ai une conversation au téléphone avec le patron du Modem, dont tout le monde attend la déclaration de candidature. Il ne dit plus de mal de Macron mais continue à formuler des doutes sur l'épaisseur du personnage. Il m'assure ne pas avoir pris de décision alors que celle-ci est promise pour dans trois jours. Il m'assure que s'il avait la conviction qu'Emmanuel Macron peut réussir là où lui a échoué, réunir les modérés de chaque camp, créer une grande force centrale et victorieuse, il ne se présenterait pas et même soutiendrait Macron. Je sens qu'il est en train de faire le difficile travail de deuil de sa propre ambition et qu'il est sur le point de passer le flambeau. Mais pour l'instant il n'arrive pas à le formuler, du moins à me le formuler… « Êtes-vous prêt à renoncer ? Vraiment ? » « Pas encore », me dit-il. C'est une décision difficile parce qu'il est certain que la France est mûre, qu'elle veut la solution centrale qu'il prône depuis si longtemps. « Je suis toujours en mesure de la proposer », dit-il d'une voix peu convaincue.

Après avoir raccroché je ne sais pas de quel côté va pencher la balance de sa décision mais j'ai la conviction que l'espace politique occupé par Macron est beaucoup plus large que celui de Bayrou, et que le maire de Pau va bien finir par le reconnaître. Le reconnaîtra-t-il à temps ? A-t-il la force d'âme pour le reconnaître ?

17 février 2017

François Bayrou sera-t-il candidat ? Il doit donner sa réponse ces jours-ci.

Il réfléchit... Essayons de faire comme lui, de faire l'état des lieux à soixante jours du scrutin pour voir s'il y a une place. Marine Le Pen consolide, de jour en jour, son premier tour. La gauche est divisée et on ne voit pas Hamon ou Mélenchon s'effacer. Et même unis, ces deux-là semblent trop excentrés vers la gauche par rapport à la société en ce moment. François Fillon ne peut plus tenir son discours churchillien sur la question sociale. Il est obligé de singer Nicolas Sarkozy, dans une surenchère sécuritaire, qui lui-même singeait Marine Le Pen. On sait où cela a mené Nicolas Sarkozy ! Enfin il y a Emmanuel Macron. La conjoncture politique lui est favorable mais l'homme intrigue toujours (ses déclarations erratiques sur la colonisation ou le mariage pour tous en témoignent)... il intrigue autant qu'il séduit.

Donc, François Bayrou a-t-il sa place dans ce tableau ? Aujourd'hui, non ! L'espace du centre, celui de François Bayrou, est pris par Emmanuel Macron. Le candidat d'En marche ! est déjà donné plus haut (autour de 20 %) que le meilleur score de Bayrou en 2007 avec 18,5 %. Et puis le leader centriste, bien que populaire et respecté, n'incarne pas le renouvellement, l'esprit chamboule-tout du moment. Mais François Bayrou sait que ce paysage ne peut pas rester en l'état. Et c'est cette grande incertitude qui entretient son espoir. Que se passerait-il si finalement François Fillon était contraint de renoncer ? Le parquet financier, qui a fait savoir hier qu'il ne pourra pas classer sans suite, accentue encore la pression sur l'avenir du candidat LR. Si Alain Juppé devait le remplacer au pied levé, le retrait d'un Bayrou déjà candidat serait utile pour le maire de Bordeaux, obligé de reprendre la barre du *Titanic*, si près de l'iceberg. Si le phénomène Macron venait à dérailler, l'espace au centre se libérerait. Si les affaires d'emplois fictifs au Parlement européen finissaient par atteindre le FN, toutes les cartes de la présidentielle en seraient rebattues. En fait François Bayrou, qui tente (comme tous les animaux politiques de cette trempe) d'aligner lui-même toutes les planètes favorables à sa candidature, analyse en ce moment tous ces « SI » et bien d'autres auxquels nous n'aurons pas pensé. La réalité, insoupçonnable, sera d'ailleurs sans doute encore différente ! Mais pour l'heure, si le but de François Bayrou est de barrer la route au FN, le principal facteur (qui est aussi une inconnue) c'est quand même la solidité du seul candidat qui peut réunir des voix de droite et de gauche... la solidité d'Emmanuel Macron. Il est encore trop tôt pour en juger et il sera encore trop tôt le 20 février, date butoir que s'est fixée lui-même Bayrou, pour prendre sa décision. Le plus logique serait, en réalité, qu'il ne se présente pas. Mais chacun le sait, on ne fait rien de grand en politique en cherchant la voix la plus logique. François Bayrou a le sentiment d'avoir eu raison avant les autres sur tant de sujets. Saura-t-il résister à son envie de le prouver, à sa conviction d'être l'homme, cette fois-ci, de la situation, conviction qu'enfin les Français partageront ?

Ça se passe en ce moment dans sa tête et Dieu merci nous n'y sommes pas.

Promise pour le 20 février, la réponse de François Bayrou tombera finalement le 22. Les deux hommes disent n'avoir rien négocié avant cette annonce. Rien ne dit qu'ils mentent… sur ce sujet.

23 février 2017

Ce matin, bien sûr : la nouvelle donne après l'alliance de François Bayrou et d'Emmanuel Macron. Les deux hommes réalisent donc, en 2017, ce que François Hollande n'a pas voulu faire en 2012 : l'alliance de la gauche modérée et du centre. C'était une erreur de François Hollande, au moins du point de vue de la cohérence, puisque, finalement, la ligne politique qui aura été menée pendant cinq ans (singulièrement depuis 2014) aura été tout à fait socialo-centriste ! Le désintéressement bien compris de François Bayrou est un acte fort dans la recomposition du paysage politique. Emmanuel Macron, dont la dynamique se ramollissait, qui commençait même à inquiéter par ce qui pouvait ressembler à une forme d'amateurisme, se voit renforcé par un courant politique incarné par François Bayrou et se voit soutenu par un homme solide, qui a l'expérience, l'épaisseur et le poids rassurant des ans passés dans la politique. Macron et Bayrou ce n'est pas un ticket. Le maire de Pau ne sera pas le Premier ministre de l'éventuel président Macron, ou alors l'idée première de Macron, le renouvellement, tomberait à plat. Mais ces deux hommes sont complémentaires. L'accord entre l'enraciné Béarnais et le fringant social-libéral pourra apparaître comme une sorte de contrat de génération.

Vous vous souvenez de la promesse de François Hollande en 2012 pour intégrer les jeunes dans le monde du travail : un contrat par lequel un senior est maintenu dans l'entreprise pour cornaquer, accompagner un junior tout juste embauché. Eh bien le quinquennat Hollande aura finalement accouché d'un contrat de génération entre Emmanuel Macron et François Bayrou…

Est-ce un épisode de la recomposition politique tant annoncée qui se produit ?

Oui, les résultats de toutes les élections territoriales depuis maintenant une dizaine d'années ont forgé un paysage politique que l'on disait tripartite. Gauche, droite, extrême droite. L'apparition d'Emmanuel Macron qui enregistre aujourd'hui son premier ralliement politique de poids, au centre du paysage, le retrait quasi certain de Yannick Jadot au profit de Benoît Hamon, composent un nouveau paysage, non plus tri mais (de façon certainement transitoire) quadripartite : l'extrême droite lepeniste, la droite filloniste, le centre macronien et la gauche mélenchono-hamoniste. Dans ce paysage, finalement, seule la gauche est divisée ; la propension de Benoît Hamon et de Jean-Luc Mélenchon à n'envisager, chacun, l'union que derrière leur propre personne élimine quasiment de fait ce camp pour le second tour. De nombreux cadors socialistes en déshérence se donnent encore quelques semaines de décence (et aussi le temps d'évaluer les nouvelles dynamiques) avant de rejoindre Emmanuel Macron. La division de la gauche, une droite solide sur son noyau mais sans dynamique en raison des affaires, un FN pour qui le monde semble tourner (mais que les affaires pourraient aussi commencer à gêner), le tout compose ce matin un paysage qui favorise, sur le papier au moins, Emmanuel Macron. Sur le papier au moins, car l'on sait, instruit par la primaire de la droite puis celle du PS (c'est le charme de la politique...), que ce qui apparaît évident sur le papier n'est pas toujours, loin s'en faut, ce qu'il advient... c'est bien pour cela que cette chronique est quotidienne.

Fin mars je déjeune, en compagnie de deux confrères, avec Édouard Philippe. Le député-maire du Havre avait été l'une des chevilles ouvrières d'Alain Juppé, lors de la campagne des primaires. Connaissant son pedigree politique nous l'interrogeons sur sa compatibilité éventuelle avec Emmanuel Macron. Il nous répond que, bien sûr, il ne voit pas grande différence entre ce que dit le candidat Emmanuel Macron et ce qu'il pense, lui, sur la plupart des sujets. Mais il a du mal à croire à la viabilité de l'offre politique d'Emmanuel Macron et doute que François Fillon ne réalise qu'un score autour de 20 %. « Il sera certainement plus haut », nous dit-il.

À ce moment-là, le macronisme recrutait encore, principalement à gauche. Les soutiens affluent, plus ou moins explicites. Très explicite s'agissant de Manuel Valls.

30 mars 2017

Manuel Valls a donc annoncé qu'il votera Macron, avalisant ainsi la fracture ouverte au PS... Il avait le choix entre deux trahisons (c'est souvent le cas en politique). Soit trahir sa signature de candidat à la primaire, soit trahir ses convictions. Manuel Valls en a la certitude : à trois semaines du scrutin, rien n'est joué et, si Emmanuel

Macron ne consolide pas sa position, un second tour Fillon/Le Pen est possible avec, à la clé, une bonne chance pour l'extrême droite de gagner l'élection. La loyauté à ses camarades ou à ses idées, c'est le dilemme classique. Il a choisi. Il a, comme François Bayrou, constaté que le créneau politique auquel il croit, et qu'il cherche à incarner depuis des années, est occupé, et de façon autrement plus efficace, par un autre. Manuel Valls se range donc derrière Emmanuel Macron. Ce que Valls (ou Bayrou) font pour le centre gauche et le centre droit, ni Hamon ni Mélenchon n'ont voulu le faire pour leur camp. Ceux qui crient à la trahison (et avec quelle violence !) n'ont pas réussi à se donner les moyens de gagner et à saisir l'opportunité historique de donner une chance à la gauche rénovée d'écologie, en se regroupant derrière un candidat unique. L'appel désespéré, hier, de Hamon à Mélenchon est vain. Le PS paie là des années de synthèses artificielles, l'écart entre ses discours toujours plus à gauche et ses actes. Les uns regrettent que le discours ait été trop à gauche, les autres que les actes aient été trop à droite ! Toujours est-il que le PS n'a pas su choisir (la primaire n'a tranché qu'une question d'hommes). Le choix se fait donc, hors les murs du parti pivot de la gauche, entre Mélenchon et Macron. La différence, c'est que de leur côté les modérés savent se regrouper bon an, mal an derrière leur favori.

Est-ce une vraie recomposition politique ou une alliance de circonstance, pour faire barrage au FN ? À écouter Manuel Valls, la principale raison de son choix c'est l'urgence face au FN. Ce n'est donc pas, comme pour François Bayrou, un passage de flambeau définitif. Valls espère aussi incarner la branche sociale-démocrate d'une majorité macronienne. Macron est un pôle d'attraction pour les modérés de droite ou des citoyens peu ou pas politisés jusque-là, alors qu'à gauche il est surtout un réceptacle pour les modérés d'une gauche fracturée, soucieuse de contrer la vague FN. Mais un constat s'impose : quelles que soient les motivations de ceux qui le rejoignent, Emmanuel Macron est en train de réussir son coup. Ceux qui pensaient qu'il s'agissait d'une bulle assistent au décollage d'une montgolfière ! C'est-à-dire d'un joli objet volant, mais dont personne ne sait quelle direction il prendra une fois en l'air ! Manuel Valls, ancien chef de la majorité, initie le schisme au sein de son parti. Cet acte, cruel pour le candidat socialiste, rencontre certainement un écho chez bon nombre d'électeurs habituels du PS, sous les crânes desquels s'est déclenchée une tempête, comme le montrent les forts taux d'incertitude du vote à gauche. Et même si pour préserver son carburant le plus efficace, le renouveau, Macron tient Valls à distance, ce dernier, par son acte et son poids politique, vient de confirmer que, oui, mai 2017 sera le point de départ d'une vaste recomposition.

François Bayrou aura apporté 5 points d'intentions de vote à Emmanuel Macron. Le candidat en marche largue donc François Fillon et rejoint Marine Le Pen entre 23 et 25 %... Début avril il est solidement installé dans le rôle de futur président... quasi certain. Mais « quasi certain » en politique et de nos jours, c'est un statut peu sûr... parlez-en à Alain Juppé.

7 avril 2017

Emmanuel Macron est le favori de cette élection... mais il suscite toujours beaucoup d'interrogations au sein de l'opinion. Et même une certaine perplexité, y compris auprès de beaucoup d'électeurs qui disent vouloir voter pour lui. Il faut dire que c'est la première fois, depuis le début de la Ve République, qu'un candidat très bien placé pour devenir président était un parfait inconnu du grand public il y a encore deux ans ! On peut analyser assez aisément les raisons de l'engouement pour Emmanuel Macron. Après l'échec de la droite, l'échec de la gauche au pouvoir, un jeune homme brillant propose de dépasser les clivages et d'offrir de surcroît une promesse de renouvellement d'une classe politique honnie ! On a tous entendu, et depuis toujours, ce double refrain, ces deux opinions contradictoires exprimées dans un même élan : « Tous pourris » et « Si tous les gars de droite et de gauche de bonne volonté voulaient bien se donner la main… » Emmanuel Macron essaie d'incarner cette proposition oxymore. Et le contexte lui est favorable : une gauche déchirée, en pleine crise existentielle ; une droite plombée par les affaires et son candidat en plein déni ; une extrême droite puissante mais anxiogène. La route est dégagée pour Emmanuel Macron. Mais… il y a forcément un « mais » ! La route est dégagée, mais… répétons encore le triptyque de l'élection présidentielle : la rencontre entre le peuple, un homme et les circonstances… Donc, les circonstances politiques sont là… « mais » l'homme ? Le doute subsiste toujours. On arrive à deux semaines du premier tour et c'est le moment crucial où tous ceux qui ne s'intéressent pas à la politique (ou même la détestent) commencent simplement à se pencher sur la question. Que savent-ils, au fond, de Macron ? Et nous, les férus de politique, que savons-nous d'un homme de 39 ans jamais élu ? C'est très fragile… et ses bons scores, dans toutes les enquêtes qualitatives et quantitatives, ne reposent que sur des impressions récentes ; une séduction toute fraîche préjuge peu de l'attitude électorale des Français le jour du vote. L'action de voter est plus lourde, vient de plus loin, des traditions politiques et de l'histoire de chaque famille, de chaque groupe sociologique. Que pèsent encore d'ailleurs ces traditions, ces réflexes, l'histoire de la droite et de la gauche, ces sentiments d'appartenance ? On le mesure mal aussi. Faire barrage au FN semble, pour l'instant, le seul aspect de solidité de l'intention de vote Macron. Mais c'est un vote contre. Le vote pour c'est l'adhésion à l'homme et à son projet... La rencontre entre le peuple et l'homme, c'est maintenant qu'elle doit se produire. L'émission de France 2 hier en a peut-être été un élément. Hier Emmanuel Macron devait dissiper un doute qui s'installait à son propos. Serait-il un Hollande bis ? En d'autres termes, alors que sa proposition politique de centrisme radical n'envisage, au fond, pas vraiment de bouleversement révolutionnaire mais plutôt des solutions équilibrées, la question était la suivante : est-il homme à trancher ? Aurait-il les moyens politiques, la majorité, la méthode pour trancher et en finir avec la déprimante impression d'impuissance publique qui mine la politique ? Au fond, depuis Nicolas Sarkozy, élu en rupture avec le « roi fainéant » Jacques Chirac, François Hollande en rupture avec l'agitation vaine de Nicolas Sarkozy... Emmanuel Macron veut se faire élire en prouvant qu'il sait trancher, contrairement au sentiment que laisse François Hollande. Depuis Jacques Chirac, il n'est question que de retrouver les voies et moyens de peser enfin sur le destin du pays.

Le jour J... enfin ! Cette campagne devenait vraiment éprouvante. Les polémiques agressives, les *fake news*, les soupçons de partialité pesaient sur nous, les réseaux sociaux débordant d'insultes, d'insinuations, détaillant le moindre adjectif d'une de mes chroniques. L'intonation d'une question de Léa Salamé ou de Patrick Cohen pouvait susciter des tombereaux de commentaires malveillants, de suspicion de partialité ou de connivence, d'interprétations complotistes. L'atmosphère des derniers jours de cette campagne avait empli l'équipe de la matinale (ce devait être le cas dans les autres rédactions) d'une grande lassitude.

Les multiples sondages disaient quasiment tous la même chose, avaient établi la bonne hiérarchie et, plus fort encore, le score final pour quasiment tous les candidats. Les sondeurs ne s'étaient pas trompés, ce n'était pas la moindre des surprises de ce premier tour. Les résultats attendus, et survenus, montraient bien l'état de la décomposition en cours mais ne dessinaient pas encore les contours de la future carte politique de la France et l'insolent triomphe d'En marche ! qui apparaîtrait fin juin à l'issue du processus électoral. Au lendemain de ce premier dimanche, je tentais d'y voir plus clair… pour éclairer, à leur tour, nos auditeurs. Mais il y a des matins ou l'on se doit de n'être pas trop présomptueux et de s'abstenir d'être excessivement affirmatif ! C'est toujours une lourde charge de tirer des enseignements politiques et d'affirmer que tel était le message du corps électoral, alors que ceux qui vous écoutent sont, chacun, individuellement, une petite parcelle (en tant qu'électeur) du message dont je suis chargé, pour ma radio, de traduire la portée globale. Souvent, le soir en écrivant mon édito du lendemain, je me dis : « Qui suis-je pour dire ça ? » Le complexe de l'imposture me submerge. Un café, un coup d'œil sur l'heure qui tourne, un rapide calcul du temps qu'il me reste à dormir, un texto à un ou deux copains ou confrères… et c'est reparti. Il faut faire semblant d'être sûr de soi pour l'être un peu, et il ne faut pas l'être trop pour rester crédible dans cette défiance généralisée envers le fameux « système » dont, semble-t-il, je suis un agent… À ce moment-là, les touches de mon clavier sont lourdes. Le poids d'une certaine responsabilité s'abat sur moi. On ne s'adresse pas à deux millions d'auditeurs-électeurs-citoyens dont certains sont déçus, voire tristes, à la légère.

24 avril 2017, lendemain du premier tour.

Le clivage gauche/droite a volé en éclats mais il n'est pas encore remplacé par un autre clivage clair ! On ne prend pas grand risque à dire qu'Emmanuel Macron, sauf accident, sera à l'Élysée mi-mai. Mais quand on s'est extasié sur le destin incroyable, la réussite politique et la prouesse tactique, on n'a pas dit grand-chose ! L'élection maîtresse de nos institutions vient de bouleverser la logique droite/gauche autour de laquelle était organisée notre vie politique. Hier, Emmanuel Macron a esquissé les termes du nouveau clivage. Il s'est défini comme le candidat des patriotes, engagé dans la construction européenne contre le nationalisme. Il a parlé de progressistes contre les conservateurs. Il s'est dit du camp, je reprends ses mots, des « bienveillants » et des « optimistes », face donc à ceux qui sont dans le rejet, la noirceur et le pessimisme.

Marine Le Pen aussi a tenté de définir le nouveau clivage issu de ce premier tour. Avec d'autres mots, la candidate de l'extrême droite affirme représenter le peuple contre la caste et le système, l'élite dite mondialisée. L'électorat de Marine Le Pen se recrute parmi ceux qui ont de fortes raisons d'être inquiets de la mondialisation et de la construction européenne. Cela prouve que le nouveau clivage est aussi social, sociologique, ce qui peut être source de grandes fractures à venir… Pour l'instant, même si l'issue du scrutin ne fait guère de doute, la nature du nouveau clivage que souhaite instaurer Emmanuel Macron n'est pas encore clairement définie, pas encore assez intelligible pour susciter l'adhésion massive et politique. Il ne faudrait pas qu'Emmanuel Macron imagine, à ce stade, que la promesse de son élection soit la promesse d'une adhésion, comme la teneur de son discours d'hier pouvait le laisser penser. Les jours qui viennent et singulièrement le débat du 3 mai seront déterminants. Non pas pour que soit assurée sa victoire, mais pour qu'après la présidentielle puisse émerger une vraie majorité. L'idée du renouvellement « des visages et des usages » a pu suffire (dans cette ambiance de chamboule-tout) à propulser Emmanuel Macron en tête, mais son progressisme patriotique et européen, son projet de libéralisation du travail et d'individualisation de la protection sociale ne constituent pas encore une vision globale de la société. Le fait de se retrouver face à Marine Le Pen, et donc de pouvoir gagner simplement sur sa capacité à faire barrage au FN, ne va certainement pas aider à la clarification. On peut gagner une élection sur un rejet, on ne peut pas gouverner sur un rejet. Emmanuel Macron va devoir mieux définir sa vision de l'avenir... Il nous a déjà dit (et au monde entier) que la France ne suivrait pas les États-Unis et les Anglais dans le vaste mouvement de repli nationaliste qui semblait s'être emparé de la planète... c'est déjà beaucoup ! Mais il ne nous a pas encore montré clairement de quoi l'ouverture et le progressisme qu'il propose étaient faits... L'ouverture à quoi, le progrès pour quoi ? Le candidat est En marche, certes, mais vers où et pour quoi ? Sans une réponse plus claire, Emmanuel Macron serait mal élu le 7 mai et, surtout, les législatives de juin auraient peu de chances de lui donner une majorité.

Emmanuel Macron sera finalement bien élu et fera de brillants premiers pas de président, habitant parfaitement la fonction que ses deux prédécesseurs avaient abîmée, chacun dans leur style. La bulle était une fusée.

III

Marine Le Pen, révélation d'une imposture politique

Quel ratage ! Quel score ! Quelle incompétence ! Quelle violence ! Quel culot ! Quelle erreur stratégique… Mais surtout quelle imposture !

En septembre 2016, alors que l'actualité est occupée par la primaire de la droite et du centre qui, chacun le pensait, était en réalité la vraie élection qui allait désigner le gagnant de la présidentielle, Marine Le Pen fait une rentrée cousue de fils blancs. La stratégie se voit. Ce n'est d'ailleurs pas du fil blanc, c'est du gros câble d'arrimage de tanker !

6 septembre 2016

Retour sur le discours de Marine Le Pen de samedi à Brachay. Une rentrée plutôt passée inaperçue. Marine Le

Pen l'a sans doute fait exprès. Le discours de Brachay, ce village qui offre au FN des scores records, devait signer un simple acte de présence en en disant le moins possible ! Ça ressemblait à du Doriac et Dujarric... vous ne connaissez pas le Doriac et Dujarric ? C'est un recueil de discours types (qui date de 1914). On y trouve des modèles d'allocutions pour toutes sortes de situations, de la cérémonie de bienvenue en mairie pour un administré de retour d'exploration dans les colonies, au soir de victoire électorale d'un conseiller général... c'est plein d'emphase à la crème, de crescendos ampoulés et chevrotants, à prononcer en roulant les « r ». Il s'agit de ne rien dire mais de le dire avec autorité et lyrisme. C'est désuet à souhait. Marine Le Pen a fait du Doriac et Dujarric, malheureusement sans rouler les « r ». La vacuité le disputait à la grandiloquence. Elle enfonçait, à coups de truismes, de grandes portes bien dramatiques... Jugez plutôt : « Au bord de l'abîme, c'est toujours l'esprit de la France éternelle qui prend le dessus... » Ou cette vérité imparable : « Aucun Français ne sortira indemne de la disparition de la nation. » Tout est de cet ordre abstrait, stratosphérique. Ni choquant ni extrémiste, juste pompier. C'était un flot de République, de Nation et de Patrie, de dénonciation de tous les politiques, dépeints en boutiquiers vendus à Bruxelles ou Washington. « J'ai pris mes distances – dit-elle pensive, hugolienne – avec les contraintes futiles du quotidien pour me consacrer à l'essentiel. » L'emphase permet de ne rien dire en contentant un auditoire venu pour vibrer.

Pourquoi donc ne dit-elle rien ? Parce que quand on dit, en politique, il faut chiffrer, être un minimum précis, tristement concret, évoquer les conséquences de ce que l'on promet, être sûr que son propos n'est pas contradictoire et donc être soumis à l'expertise et à la critique. Mais quand on déclame, que l'on reste sur les grands principes, aucune aspérité ne permet aux interlocuteurs d'avoir prise. Si vous comparez ce discours vaporeux de Brachay aux discours de la primaire de droite, le contraste est frappant. En concurrence, les candidats de la primaire sont obligés d'avancer des idées plus ou moins précises. Dans une surenchère droitière, ils en arrivent à proposer de réformer la Constitution pour interdire le burkini, ou à vouloir supprimer les repas de substitution dans les cantines. Ce sont eux qui deviennent les extrémistes ! Personne ne sait si la nouvelle sémantique boursouflée, nébuleuse, de Marine Le Pen est efficace à la longue. Quand viendra le temps de la campagne, à l'approche de mai 2017, il va falloir être précis. Le Brexit, qui se retrouve sans solution, Donald Trump, dont le discours fond à l'approche du soleil de la réalité, montrent que l'emphase de la protestation générale a ses limites. Alors, pour finir, si vous aussi vous voulez briller sans trop vous mouiller lors d'un mariage, du départ en retraite d'un collègue ou d'une cérémonie officielle, je vous conseille *Toasts, allocutions, discours modèles pour toutes les circonstances de la vie privée et publique*, par Doriac et Dujarric ; on le trouve toujours, chez Albin Michel.

La candidate du FN passera, comme ça, tout l'automne à ne rien dire mais à le dire fort avec des accents protestataires pour capter la colère ambiante. Celui qui fait campagne pour elle, c'est Donald Trump. Sa victoire début novembre est, pense-t-elle, une divine surprise, annonciatrice d'autres victoires… la sienne bien sûr.

9 novembre 2016

La victoire de Donald Trump… Quelles conséquences possibles pour les rapports de force politiques en France ? En matière électorale on n'est plus étonné d'être étonné, donc cette élection coup de tonnerre peut redonner de l'espoir à tous ceux qui sont véritablement ou qui se prétendent (et la distinction n'est pas toujours aisée) « anti-système, anti-mainstream, anti-élite, anti-politiquement correct ». Si l'on prend dans l'ordre chronologique les scrutins qui arrivent, il y a dans onze jours la primaire de la droite. Depuis que Nicolas Sarkozy est entré en campagne, il dit, en privé, que Donald Trump est un exemple. Un exemple non pas politique, Nicolas Sarkozy n'est pas du tout sur les thèses du futur président américain, sur les questions économiques notamment, mais il dit prendre en compte, dans son discours très dur, dans son utilisation de l'emporte-pièce antisystème, la fracture entre la partie du peuple qui se sent déclassée, abandonnée ou même humiliée par les effets de la mondialisation, et ceux qui en sont les bénéficiaires. Il y a deux jours, depuis son ancien fief de Neuilly, Nicolas Sarkozy a encore corsé son discours, avec une tonalité directement inspirée de Donald Trump… Mais surtout c'est l'exaltation de la force – de la mâle puissance qui serait nécessaire à la France – qui rappelle, chez l'ancien président, le vocabulaire et l'univers fantasmé de Donald Trump ou même de Vladimir Poutine. Alors est-ce que la victoire de Trump va avoir un effet d'entraînement pour Nicolas Sarkozy, ou est-ce qu'au contraire la primaire de la droite peut être un scrutin de réaction, de refus de cette pente, et favoriser le tenant de l'identité heureuse Alain Juppé. En tout cas ce matin, Nicolas Sarkozy doit être inquiet pour les relations internationales, mais plutôt rassuré sur le sens qu'il a donné à sa campagne.

Mais en France la seule personnalité politique qui souhaitait la victoire de Donald Trump c'est Marine Le Pen. C'est elle qui se réjouit et qui peut avoir le sentiment d'être dans le sens de l'histoire, de représenter ce qui pourrait être une majorité culturelle et donc politique, encore cachée, masquée par ce qu'elle appellera la cécité des élites et des médias de l'establishment. Marine Le Pen, la surprise suivante, la suite logique, après le Brexit et Trump, ça va être le carburant le plus efficace pour une candidate que l'on n'entendait plus et qui commençait à peiner à établir un programme cohérent. À gauche, c'est bien sûr l'accablement mais les leçons ne manqueront pas d'être tirées. Jean-Luc Mélenchon et Arnaud Montebourg peuvent s'appuyer sur ce besoin de radicalité et surtout de remise en cause de la mondialisation libérale que Donald Trump (et aussi Bernie Sanders, ne l'oublions pas, qui a failli gagner la primaire démocrate) incarne. En réalité, tous les hétérodoxes seront galvanisés par ce scrutin. Mais clairement, ce sera dur, pour quiconque à gauche, de voir dans la victoire de Trump matière à encouragement. La question, finalement, c'est celle-ci : Trump est-il le signe d'un grand bouleversement politique de même nature en France, ou est-ce l'électrochoc qui réveillera la France des Lumières. Comme on n'est plus surpris d'être surpris... on ne peut pas répondre à cette question.

10 novembre 2016

Après l'élection de Donald Trump on entend beaucoup cet argument : les partis classiques de gouvernement ne comprennent plus le peuple ! Argument rabâché depuis des années, une partie importante de la population vit dans l'angoisse du déclassement, dans une panique identitaire, et est incomprise des élites déconnectées. Le Brexit, l'élection de Donald Trump et bientôt Marine Le Pen seraient les symptômes de cette séparation hermétique entre les élites et le peuple. En réalité, les responsables des partis dits de gouvernement connaissent parfaitement la question du déclassement, l'angoisse du monde rural, l'humiliation de la classe moyenne sans perspective dans les zones périurbaines, le désarroi de ceux qui estiment que le métissage, l'égalité des sexes, le mariage homosexuel brouillent les repères classiques. Tout cela fait l'objet, depuis des années, de reportages, d'études fouillées et multiples. Tous les élus locaux, de tous les partis, ne parlent d'ailleurs que de ça et alertent en permanence sur le mal-être grandissant et la fracturation de la société, à travers le territoire. Mais la classe politique ne se répartit pas entre ceux qui sont du côté des élites et ceux qui sont du côté du peuple. C'est trop simple. Le clivage est, en réalité, tout autre. Il est entre ceux qui connaissent et comprennent la colère du peuple mais qui ne trouvent pas de réponses politiques satisfaisantes – et surtout qui font preuve, aux affaires, de leur impuissance et qui refusent pourtant de laisser leur place – et ceux qui ont une réponse politique à cette colère, comme Bernie Sanders ou Trump. Le premier s'adressait à la raison et au cœur, il a perdu, le second au réflexe et à la peur, il a gagné. La réponse politique de Trump ou de Marine Le Pen est une réponse qui permet de remporter des succès électoraux, dans une société informée par les algorithmes, pas de gouverner. Boris Johnson avait trouvé une réponse pour cette prétendue majorité silencieuse britannique. Il a gagné et puis il n'a pas su quoi faire de sa victoire. C'est une chose de dire au peuple « je vous ai compris » et de lui servir un discours simpliste fait de slogans vengeurs et de solutions péremptoires, déclamés sur un ton martial. Mais il faut qu'une fois au pouvoir ce soit applicable. Comment Donald Trump peut-il dire, hier, quasiment dans la même phrase, que l'État doit se concentrer sur le minimum, qu'il faut drastiquement réduire les impôts, et qu'il faut, en même temps, relancer une politique d'infrastructures dans tout le pays ? On trouve à foison, dans le discours de Trump comme dans celui de Marine Le Pen, des propositions à la fois très tranchées et floues ou contradictoires. S'adresser au cerveau reptilien plutôt qu'à l'intelligence, susciter le réflexe plutôt que la réflexion n'est pas gage de connexion avec le peuple, surtout quand (comme c'est le cas pour Trump ou Le Pen) ça vient d'héritiers et de caricatures de ce que le dit système peut fournir de plus cynique.

Après la victoire de Donald Trump qui ne sera pas – estime Marine Le Pen – sans conséquences positives pour elle, voici qu'une autre victoire, celle de François Fillon (à la primaire de la droite et du centre), pourrait avoir, elle, des effets plus contrastés sur la campagne de la candidate d'extrême droite. La candidature Fillon enfonce un coin entre les deux rives du FN… la rive nord (mariniste) et la rive sud (marioniste)…

8 décembre 2016

Les équilibres au sein du FN sont quelque peu bouleversés par la candidature de François Fillon. Fillon candidat peut être une aubaine, ou une catastrophe pour le FN. Le but de la droite était (et reste toujours) d'inverser la dynamique Le Pen, pour que s'ouvre une crise interne au sein du FN et se creuse la division entre le FN identitaire et vieillissant du Sud (paradoxalement représenté par la jeune Marion Maréchal-Le Pen) et le FN plus jeune et social du Nord, incarné bien sûr par Marine Le Pen. Pour ce faire, trois options s'offraient à la droite. La première était d'attaquer le FN sur les deux fronts (nord/sud, social et identitaire), en allant chercher avant tout le vote populaire. Quitte à emprunter la rhétorique de la famille Le Pen. C'est ce qu'a tenté de faire Nicolas Sarkozy. Ce fut un échec cuisant : les propos de l'ancien président étaient au discours de Marine Le Pen ce que sont ces faux sacs Vuitton vendus sous le métro aérien dans le nord de Paris. La deuxième option était celle d'Alain Juppé. Il s'agissait de tenir, pour le coup, un discours contraire en tout point à celui du FN, un discours le plus rassembleur et ouvert possible afin, tout simplement, de faire masse et d'écraser l'extrême droite au second tour de la présidentielle. Cette idée, qui paraissait la plus logique arithmétiquement, a échoué, parce qu'elle sautait une étape essentielle (c'est facile à dire après) : c'était un discours de premier tour de la présidentielle, pas de primaire à droite.

La troisième tactique, celle de François Fillon, a réussi, pour l'instant, à s'installer à la faveur de la primaire. (On parle de tactique mais ça correspond aussi à des convictions bien sûr.) Elle consiste donc cette stratégie à s'attaquer au FN par le flanc sud. C'est-à-dire à offrir une forme de conservatisme traditionnel (pour ne pas dire traditionaliste), un discours qui revient aux bases, aux fondements de la droite classique, de la droite patrimoniale des clochers. Ce positionnement concurrence directement l'influence du FN du Sud, sans pour autant le singer. D'ailleurs depuis quelques jours, Marion Maréchal-Le Pen se montre très agressive envers François Fillon, un peu comme Marine Le Pen l'était vis-à-vis de Nicolas Sarkozy. Voilà pourquoi, pour ne pas laisser au candidat désigné de la droite l'opportunité de gonfler sa voile au vent du conservatisme sociétal qui se lève, la nièce Le Pen insiste à nouveau sur des thèmes comme l'avortement, les valeurs chrétiennes, thèmes que ne goûte pas du tout la tante, qui règne sur le FN du Nord, populaire, périurbain. Un FN qui progresse sur un discours anti-immigré laïque-identitaire (un oxymore que le FN a réussi à imposer), très social et étatique. Ce message pourrait être très efficace contre un François Fillon présenté en casseur social. Seulement le message simple de Marine Le Pen est aussi fragile. Il peut être facilement brouillé par le fumet rétrograde d'un conservatisme sociétal. Marine Le Pen s'énerve, sanctionne sa nièce en l'obligeant à annuler une grande émission de télé, une matinale de radio. La première étape de la tactique Fillon contre le FN, diviser la famille Le Pen, enfoncer un coin entre le FN au beurre et le FN à l'huile, pour l'instant fonctionne.

5 janvier 2017

Hier Marine Le Pen a réaffirmé qu'une union avec la droite est un « fantasme », ce qui ne veut pas dire que la patronne du FN se trouve en dehors de la droite. Elle dira, bien sûr, que ce clivage gauche-droite est dépassé, qu'il est maintenant entre les nationaux et les mondialistes par exemple. En fait, cette prétention, ni à droite ni à gauche mais au peuple, a toujours existé à l'extrême droite. Mais, malgré le discours social, rien n'y fait, il suffit de lire le programme et surtout d'écouter les déclarations de ses dirigeants commentant le fil de l'actualité pour comprendre que les ressorts et les références de ce mouvement restent ceux de l'extrême droite autoritariste. Le libéralisme sociétal de Marine Le Pen, sur les questions comme l'homosexualité et l'avortement, est une concession à la modernité qui permet de désenclaver sociologiquement son camp à peu de frais parce que l'opinion des classes populaires évolue à grande vitesse sur ces thèmes. Des thèmes qui, de plus, lui permettent de s'opposer au rigorisme puritain musulman, sans pouvoir être attaqués par ce qu'elle appelle « l'establishment ». En matière économique, Bernard Monod, le député européen qui est en train de finir de peaufiner le programme du FN, explique qu'il est très libéral à l'intérieur mais protectionniste aux frontières. Il se dit capitaliste sans complexe et social en même temps. En résumé il est tout et le contraire de tout : ouvert et fermé à la fois sans crainte d'être contradictoire – lui dit « pragmatique ». Le retour à la souveraineté financière réglera toutes les questions budgétaires, sociales ou de compétitivité, affirme-t-il. Avec un tel programme protéiforme, aucune alliance, effectivement, n'est possible, mais tous les pillages programmatiques sont permis. D'ailleurs ni les dirigeants de la droite ni ceux de l'extrême droite ne veulent se marier.

Marion Maréchal-Le Pen n'est pas sur cette ligne.

La nièce de Marine Le Pen s'assume de droite. Elle est très conservatrice et même réactionnaire sur tous les sujets de société et dresse des listes de personnalités LR compatibles avec le FN afin de préparer des ralliements exclusivement venus de ce côté-ci de l'échiquier.

L'émergence progressive du FN depuis le milieu des années 80 a fini par installer le tripartisme. Mais la Ve République, et singulièrement l'élection présidentielle à deux tours avec seulement (contrairement aux législatives) deux finalistes possibles, finira par faire revenir le flot de la politique française dans un lit binaire. Entre la gauche de gouvernement, la droite, et l'extrême droite, un camp risque de disparaître. Marine Le Pen ne veut donc pas s'allier avec la droite mais la supplanter. Trump et le Brexit, victorieux avec des programmes aussi spectaculaires que contradictoires, donnent de l'espoir au FN, qui se sent en phase avec ce qui a – il est vrai – le vent en poupe dans le monde en ce moment : l'autoritarisme post-vérité, le cyber-nationalisme, la brutalité identitaire, de Washington à Ankara en passant bien sûr par Moscou où règne la nouvelle idole de Marine Le Pen... Vladimir Poutine. L'extrême droite est en forme dans le monde. 2017 nous dira si elle peut être victorieuse en France, non pas avec mais en lieu et place de la droite.

L'effet Trump se poursuit. Un gros doute s'installe chez les modérés de tout poil. Et si encore une fois l'on ne voyait rien, si Marine Le Pen, en réalité, était bien plus haut, si les sondeurs se trompaient, si nos capteurs étaient brouillés comme en 2005 lors du référendum sur la Constitution européenne ? Au début de l'année 2017 toutes les pages des journaux qui relataient les événements du monde et du pays semblaient écrites pour le plus grand profit du discours simplificateur, pour la grille de lecture facile de Marine Le Pen.

14 février 2017

L'actualité roule pour le FN... C'est le moment de ressortir notre CBPFN, le « c'est bon pour le FN » qui peut conclure quasiment toutes les analyses politiques depuis des mois. Les deux affaires qui occupent l'actualité – l'affaire Fillon et les troubles en banlieue après l'affaire du jeune Théo – sont de formidables carburants pour la campagne de Marine Le Pen. La candidate d'extrême droite est beaucoup plus à l'aise dans l'indignation protestataire fournie par une actualité propice que dans l'art de composer un programme crédible ou enthousiasmant. Plus on approche de l'élection, plus le FN, normalement, devrait se voir poussé à détailler ses propositions, et à répondre aux arguments sur les conséquences de l'application de son programme. La victoire de Marine Le Pen en mai prochain est tout à fait envisageable. On peut imaginer, dès lors, que les Français vont écouter ses propositions avec une oreille un peu plus attentive et concernée que lorsque le niveau électoral du FN n'en faisait qu'un parti coup-de-pied-au-cul. Aujourd'hui, voter FN n'est plus simplement corriger ledit système ou les gouvernants, c'est aussi choisir une politique susceptible d'être mise en œuvre !

Le moment de vérité programmatique du FN devrait arriver ces jours-ci. Au moins pour une partie de la population tentée par l'extrême droite mais qui hésite encore. Cette partie de la population qui, si elle se décidait, pourrait crever le fameux plafond de verre qui bloque encore le FN pour accéder aux manettes du pouvoir, cette partie de la population a besoin d'être rassurée. Marine Le Pen redoute la confrontation programmatique, ce moment où les incohérences, les contradictions peuvent apparaître au grand jour, ce moment qui impose de dépasser les postures gueulardes. Et c'est là que François et Penelope Fillon, les policiers et les casseurs d'Aulnay et d'ailleurs ont rendu le plus fier des services à Marine Le Pen en lui fournissant des arguments faciles pour ses deux thèmes de prédilection (corruption des élites et insécurité dans les banlieues cosmopolites), qui lui permettent de déployer une pensée réflexe mais surtout de consommer du temps de parole rentable. Ce temps de parole ainsi utilisé maintient l'héritière Le Pen dans un monologue sécuritaire et très sécurisé pour elle-même, et la dispense du passage de son programme aux rayons X. Ce scanner aurait dû être effectué, en priorité, non pas par les sortants socialistes, mais par le voisin de droite François Fillon. La droite a un argumentaire assez efficace contre l'extrême droite. Efficace pour les plus hésitants, la partie de la population la plus âgée sensible notamment à un certain classicisme économique, plutôt rassurée par l'euro. Ce travail de mise en coupe réglée du programme économique du FN était prêt. Les juppéistes y avaient particulièrement travaillé. Il est à la disposition de François Fillon. Mais aujourd'hui le discours anti-FN du candidat LR n'est pas audible... Le plus imprévisible dans une campagne ce ne sont pas les candidats, le plus déterminant ce ne sont même pas les programmes... mais les circonstances, les aléas de l'actualité. Et à soixante-dix jours de l'élection, le CBPFN bat son plein, son aiguille est dans le rouge...

Le moment « vérité programmatique » plongé dans le bain corrosif de la comparaison et de la réalité viendra beaucoup plus tard, à l'épreuve du duel télévisé de l'entre-deux-tours. Pour l'heure Marine Le Pen déroule sa vision du pays et des institutions à sa guise… Le commentateur que je suis en est réduit à détailler ces prises de positions et à en constater le simplisme. Et puis il y a les vieilles méthodes éprouvées par le père Le Pen. La fille les réprouve et les évite en temps normal, mais quand ça flanche, il faut revenir au classique. Comme par exemple ce jour de février où la candidate de l'extrême droite tente de se victimiser à l'occasion des accusations qui pèsent sur elle et de sa mise en examen dans les affaires d'attachés parlementaires du Parlement européen.

28 février 2017

Ce matin, commentaire de texte : « La justice est une autorité, pas un pouvoir. Les magistrats sont là pour appliquer la loi, pas pour l'inventer ou contrecarrer la volonté du peuple. » Marine Le Pen, dimanche au Zénith de Nantes…

Marine Le Pen par cette phrase veut dénoncer les juges qui instruisent, en ce moment, les affaires concernant des candidats à la présidentielle. Cette phrase est une aberration démocratique ! La justice (on apprend ça en première année de droit) est un pouvoir. Depuis Montesquieu au XVIIIe siècle et *De l'esprit des lois*, et même au siècle précédent depuis John Locke, un État de droit se caractérise par la séparation de trois pouvoirs : le pouvoir exécutif, le législatif et le judiciaire. Alors c'est vrai que dans la Ve République la justice est dénommée par le terme « autorité » et pas par celui de « pouvoir », mais ça revient au même, la justice est un pouvoir puisqu'elle tranche des conflits et prend des décisions souveraines, que les deux autres pouvoirs ne peuvent remettre en cause. Dénier le pouvoir (et même le contre-pouvoir) qu'est nécessairement la justice c'est, ni plus ni moins, envisager de déstabiliser la démocratie, comme si l'on retirait un pied à un trépied. Et puis il y a une contradiction à, d'un côté, laisser entendre que la justice serait instrumentalisée, aux ordres de l'exécutif, et de l'autre reprocher à cette même justice de se comporter comme un pouvoir trop indépendant et politisé. On ne peut pas être aux ordres et trop indépendant à la fois !

François Fillon aussi dénonce une justice abusive notamment dans le timing des procédures. Les soutiens du candidat LR demandent même une trêve judiciaire ! Alors que le calendrier résulte de révélations. Révélations dues à un intérêt accru de la presse, ou même des autres partis – et c'est dans la logique des choses –, à tout savoir sur la probité d'un candidat qui semble aux portes du pouvoir. On passe au scanner les candidats de premier plan qui ont de bonnes chances d'entrer à l'Élysée. La vie professionnelle et le financement de la campagne des autres candidats potentiellement présidents dans deux mois sont aussi scrutés et c'est bien normal. La France reste d'ailleurs une démocratie beaucoup moins sourcilleuse que ses voisines pour ce qui est de la transparence demandée à ses dirigeants politiques. Et puis (ce fut d'ailleurs le premier réflexe de François Fillon) tout justiciable sûr de son innocence devrait demander, exiger même, une promptitude particulière de la justice pour que soit bien établi, avant les élections, qu'il est irréprochable. Demander une trêve judiciaire est donc un non-sens démocratique. Mais dénoncer la justice c'est critiquer le système à peu de frais (puisque la justice est le seul pouvoir à ne pas avoir le droit de prendre part au débat public)... ça fait partie de la mécanique Le Pen. De ce fait, pour l'instant du moins, elle n'y perd pas, c'est un chapitre cohérent de plus à son discours habituel. En revanche dans la bouche de François Fillon, c'est une incongruité incompatible avec son discours précédent basé sur la probité et le respect des institutions. À tenir ce discours, qui ne lui ressemble pas, il gâche son image tout en validant les arguments de Marine Le Pen et la mécanique qui la renforce chaque jour.

À un mois du premier tour, les sondages auxquels on ne croit pas mais que l'on scrute tous les jours et qui établissent une hiérarchie entre les candidats sur laquelle toutes nos analyses se basent... les sondages donc nous laissent envisager tous les cas de figure, et l'idée que Marine Le Pen soit présidente en mai n'est plus tout à fait une incongruité. C'est possible. En tête au premier tour, la candidate peut, aidée par une actualité dramatique (on commence à en avoir l'habitude), bénéficier d'une dynamique surprise. Dès lors on regarde Mme Le Pen d'un autre œil. Quelle présidente serait-elle ? Quel visage, quelle incarnation de la France nous offrirait-elle ? L'image de la rencontre bilatérale entre Vladimir Poutine et Marine Le Pen, à un mois du premier tour, dans le cadre officiel et pompeux du Kremlin, nous propulse dans un futur hypothétique et pour le moins angoissant…

27 mars 2017

Ce matin Marine Le Pen et Vladimir Poutine… Pour qui se prépare à présider la cinquième puissance mondiale, il n'est pas anormal de rencontrer les leaders mondiaux. Chercher une stature auprès d'un président autoritaire n'est pas – en soit – un problème. Après tout le prochain président aura affaire aux chefs d'État de la planète, quels qu'ils soient. Paris et Moscou s'opposent sur beaucoup de sujets, comme la Syrie et l'Ukraine, mais n'ont, bien sûr, jamais cessé de dialoguer. Le problème n'est donc pas l'image, la photo… mais le son ! Et le discours de Marine Le Pen autour de ce déplacement est révélateur de la société qu'elle souhaite. La candidate d'extrême droite dit partager la vision du monde de Vladimir Poutine. La vision du monde, donc, de celui qui enferme ses opposants (quand il ne les fait pas assassiner), d'un président kleptocrate, qui – comme on l'a vu ce week-end – réprime les manifestations de ceux qui dénoncent la corruption. Après avoir fait le pied de grue au bas de la Trump Tower, Marine Le Pen rate le timing de sa rencontre avec son autre modèle, la veille d'une démonstration éclatante de son caractère liberticide.

Mais si Marine Le Pen n'est pas la seule candidate à avoir une bonne opinion du président russe, la nature et l'intensité de la poutinophilie de Jean-Luc Mélenchon et de François Fillon sont différentes. (Mettons à part François Asselineau, Jacques Cheminade et Jean Lassale, autres fans – décidément bien nombreux – du président russe.) Jean-Luc Mélenchon, grand pourfendeur de l'impérialisme américain, voit en Vladimir Poutine un contrepoids à Washington. Il ne partage idéologiquement rien avec le président russe (identitaire-blanc-chrétien-hypernationaliste), il répète, à juste titre, que ses amis politiques en Russie sont en prison... Et pourtant il estime que l'action de la Russie est positive, par exemple en Syrie ! Même si l'action de Moscou n'y est vraiment pas dirigée contre Daech et a renforcé Bachar Al-Assad. Mais le simple fait qu'elle contrevienne aux vues américaines lui suffit. Il semble d'ailleurs que Jean-Luc Mélenchon n'ait pas changé son point de vue alors que Poutine et Trump sont passés d'une logique d'impérialisme concurrent à une logique d'impérialisme complice. François Fillon, lui, fait une lecture gaullienne de sa relation avec Poutine. Il reconnaît que la Russie n'est pas une démocratie (elle ne l'a jamais été, rappelle-t-il), mais dans un monde où la France, puissance moyenne, ne peut être entendue que par sa position d'indépendance, la stabilité, la prévisibilité qu'offre Vladimir Poutine est bénéfique. De plus les deux hommes se connaissent de longue date. François Fillon, qui sait que Vladimir Poutine est populaire au sein de la frange la plus conservatrice de la droite française (cette frange qui est maintenant son pilier le plus solide), fait preuve de bienveillance envers Moscou. Mais, fondamentalement, Marine Le Pen reste la plus poutinophile. Moscou souhaite la victoire du FN et compte bien l'y aider. La chaîne de propagande russe Russia Today diffusait d'ailleurs hier l'intégralité du meeting de Marine Le Pen, via Periscope sur son compte Tweeter, alors que l'opposant Alexeï Navalny se faisait arrêter à Moscou. Avant la chute du Mur c'est le PCF qui était le candidat de Moscou. Aujourd'hui c'est Marine Le Pen.

On approche du but… Mais même en voulant apparaître gaulliste, le pétainisme affleure. On ne se refait pas.

11 avril 2017

Je reviens ce matin sur la polémique ouverte par Marine Le Pen à propos du Vél' d'Hiv. La France n'était pas responsable, dit-elle… Cette affirmation a donné lieu à beaucoup de commentaires et de réactions, un peu pavloviennes s'agissant du nom Le Pen associé à la Seconde Guerre mondiale. On a dit : « Marine Le Pen tombe le masque et apparaît révisionniste, comme son père. » Mais en réalité il n'en est rien. Ou… presque rien ! Marine Le Pen n'a fait que défendre une thèse encore soutenue par beaucoup de monde à droite et à gauche jusqu'au tournant des années 2000. Une thèse qui était d'ailleurs officielle (sous Mitterrand compris) et jusqu'en juillet 1995, date du magnifique discours de Jacques Chirac au Vél' d'Hiv. Cette thèse prétendait que la France, entre juin 1940 et août 1945, était à Londres ou dans le maquis et que le gouvernement de Vichy n'était pas la France, mais une forfaiture, le simple bras armé de l'occupant. Cette théorie a été établie par le général de Gaulle pour asseoir sa légitimité. Toutes les lois de Vichy ont été déclarées nulles et non avenues en vertu de cette idée, l'histoire officielle faisait alors du régime de Pétain une parenthèse d'illégalité. Vision sans doute politiquement nécessaire au lendemain de la guerre mais qui n'a pas résisté au travail des historiens des années 70 et 80. Et une démocratie adulte doit accepter cette vérité : si l'histoire est faite par les peuples et leurs dirigeants, elle est, en revanche, écrite par les historiens. Et que ce soit un gaulliste, Jacques Chirac, cinquante ans après la guerre, qui avalise la vision des historiens sans trop de drames, fut une preuve de maturité nationale et d'intelligence collective. Il est désormais indéniable et établi que l'Administration française, commandée par des responsables à qui la dernière Assemblée de la IIIe République a donné tous les pouvoirs... eh bien c'était la France ! Jean-Marie Le Pen niait ou minimisait les crimes de Pétain. Il a créé en 1972 le FN avec des antisémites et anciens collaborationnistes actifs. Marine Le Pen ne veut plus entendre parler des origines sulfureuses de son parti mais elle est l'héritière de cette tradition, et d'ailleurs, des intellectuels proches du FN, comme Éric Zemmour, estiment encore qu'au fond le régime de Vichy a atténué le martyre des Juifs français. Ce n'est donc pas étonnant, alors qu'elle voulait faire du gaullisme, qu'elle soit perçue, par beaucoup d'associations antiracistes et par ses concurrents, comme révisionniste. Pourtant son argumentation n'est pas révisionniste au sens où on l'entend d'habitude mais professe (et c'est une autre forme de révisionnisme) que l'histoire doit être interprétée en fonction de l'intérêt national ou pour un but politique, puisqu'elle dit vouloir en finir avec l'esprit de repentance. C'est moins sulfureux politiquement qu'il n'y paraît. Plus stupide (et surtout faux) que scandaleux. Seulement, ce qui ressortira de cette polémique est que Marine Le Pen atténue les crimes de la collaboration. Exactement le contraire de ce qu'elle a voulu dire. Elle aura donc été victime d'une simplification ! Eh bien pour une fois le simplisme et la pensée réflexe ne lui sont pas favorables.

Marine Le Pen n'aura finalement pas atteint son objectif au premier tour. Elle ne finit qu'en seconde position, avec certes un score jamais atteint par son père auparavant… mais elle n'est pas en tête, elle n'est pas portée par le supposé « sens de l'histoire ». Marine Le Pen sait, dès lors, que c'est perdu, mais la révolte du peuple contre l'autre finaliste, incarnation parfaite de tout ce que son mouvement dénonce, est encore possible. Le nouveau clivage que ce premier tour esquisse lui permet de penser qu'une bonne partie des recalés de la mondialisation, tous les réticents de la construction européenne, peuvent se retrouver sur sa candidature face à Monsieur Système. Son discours va se « mélenchoniser » jusqu'à l'absurde… avec comme objectif un duel libéral-mondialiste contre patriote-social.

27 avril 2017

Ce matin, le coup tenté par Marine Le Pen, à Amiens, à l'usine Whirlpool en grève… Nous vous racontons depuis hier dans nos journaux ce chassé-croisé, cette course-poursuite auprès des ouvriers en grève de l'usine Whirlpool… Cette journée, après un début de campagne d'entre-deux-tours raté, aura remis en selle Emmanuel Macron. Et c'est sans doute l'action d'éclat de Marine Le Pen qui aura permis au candidat En marche ! de retrouver, dans le défi qui lui était lancé, son énergie et sa hargne. Ce qui guettait Emmanuel Macron, après ses manifestations de joie post-premier tour, c'était l'arrogance. Le score qu'il a obtenu dimanche ne correspond pas à 24 % d'adhésion. Ce premier dimanche, en réalité, avait pour beaucoup d'électeurs (de gauche notamment) des allures de second tour anticipé, c'est-à-dire, déjà, de tour d'élimination. Dès lors, toute manifestation de joie victorieuse était une outrecuidance. Pour d'autres électeurs, ceux des candidats éliminés, décidés à se reporter sur Emmanuel Macron le 7 mai, contre le FN mais sans approuver son programme, toute expression de triomphe a pu provoquer un mouvement de recul, une prise de distance. Il fallait, pour que ces électeurs dont Emmanuel Macron aura besoin afin de terrasser Marine Le Pen, que leur candidat soit confronté, physiquement, en face-à-face, à une réalité sociale, à des paroles crues, simples, tragiques, celles de ces ouvriers qui seront sacrifiés par la logique de notre système économique. Les réponses d'Emmanuel Macron sont plus complexes, plus sophistiquées et certainement moins satisfaisantes pour les grévistes qui luttent à Whirlpool... mais elles ont le mérite d'être soumises non pas à d'autres arguments, non pas à des chiffres, mais à des colères incarnées, à des êtres humains directement victimes du système à réformer. Dans ce match avec Marine Le Pen, venue là, dans son fief, entourée de ses militants locaux, avec ses solutions et ses mots à l'emporte-pièce tout juste piqués à Jean-Luc Mélenchon, Emmanuel Macron a gagné en densité.

Cette séquence a montré deux façons de concevoir la politique...

Emmanuel Macron, en rencontrant d'abord l'intersyndicale, se ménageait peut-être un rendez-vous plus confortable, mais il signifiait aussi qu'il se souciait des corps intermédiaires, des élus et représentants en charge de trouver des solutions. Pendant ce temps-là, Marine Le Pen faisait des selfies dans un exercice de communication superficiel et un environnement sécurisé. C'est exactement la définition du populisme : établir un lien direct et exclusif entre le gouvernant ou l'aspirant gouvernant et le peuple, en prenant soin d'éviter les corps intermédiaires, ces rouages de la démocratie réelle qui obligent à entrer dans les détails des solutions, à appréhender la complexité des situations. Emmanuel Macron, après avoir vu les syndicats, s'est rendu sur le site pour ce face-à-face, cette mêlée, ce contact direct... ce moment où la sophistication du discours n'est plus de mise. Il l'a fait... il y avait des coups à prendre sur ce terrain propice à tous les dérapages. Il n'a pas convaincu mais a été globalement respecté, mais surtout (et c'est cela qui l'a remis en selle), il s'est défait de son habit de vainqueur beaucoup trop précocement revêtu.

Fin avril, coup de théâtre, Nicolas Dupont-Aignan rallie Marine Le Pen qui le nomme Premier ministre putatif. L'image de ces deux candidats concurrents au premier tour, côte à côte, est troublante parce que c'est la première fois que Marine Le Pen apparaît bienveillante, conciliante, amicale envers un responsable politique étranger à son parti. C'est une image inhabituelle et qui se veut transformatrice (du même ordre que l'image de Marine Le Pen dans un cadre « grands de ce monde » avec Vladimir Poutine, quelques semaines plus tôt). Avec à ses côtés Nicolas Dupont-Aignan, son futur chef de gouvernement, énarque, ancien cadre du RPR, élu notable de longue date, Marine Le Pen espère changer de statut, passer de l'état de force de protestation à celui de force de proposition. Quelques jours avant le premier tour, en marge de la matinale à laquelle il était invité, Nicolas Dupont-Aignan nous expliquait son positionnement : « Je suis le souverainiste non extrémiste, Jean-Luc Mélenchon débloque, Marine Le Pen fait peur et elle n'est pas à la hauteur… » Il ne croyait pas si bien dire et n'avait pas encore vécu le catastrophique duel télévisé de l'entre-deux-tours. En attendant, ce ralliement – le premier du genre – m'avait surpris et impressionné. Je pensais qu'il pouvait être un élément de dynamique pour la candidate d'extrême droite. Il faut se souvenir que, malgré la hiérarchie du premier tour, nous étions toujours, en ce début du mois de mai, dans l'idée que le « vent de l'histoire » soufflait du côté de Donald Trump et du Brexit, des tenants des frontières et des grandes gueules un peu brutales.

1er mai 2017

Ce que change l'accord Le Pen/Dupont-Aignan…

Du point de vue de l'arithmétique politique, sans doute pas grand-chose. Les 4,6 points du candidat de Debout la France se répartissent entre, majoritairement, Marine Le Pen, le vote blanc ou l'abstention et très peu pour Emmanuel Macron. Tous ceux qui avaient choisi Dupont-Aignan au premier tour l'ont fait parce qu'il proposait un souverainisme dénué d'extrémisme. Alors peut-être certains seront-ils rassurés de voir leur candidat, qui ne goûtait guère jusqu'ici aux discours trop identitaires, être promis à Matignon en cas de victoire de Marine Le Pen. Il casse l'isolement du FN, le désenclave, même si, du coup, il le normalise un peu. Personne ne peut évaluer les bienfaits ou les méfaits d'une banalisation qui rassure mais qui atténue, en même temps, la spécificité protestataire du

FN... Ce n'est donc pas tant une question d'arithmétique que de dynamique. Et ce ralliement est incontestablement un élément de dynamique pour Marine Le Pen. Ils ont mis en avant leur gaullisme pour caractériser leur démarche. Dans ce concours de détenteurs de vrais morceaux de la vraie croix de Lorraine, on aura atteint des sommets pendant cette campagne. Il est bien sûr impossible de faire des comparaisons idéologiques – et donc d'établir des filiations – avec le gaullisme, quarante-sept ans après la mort du Général, et quarante-cinq ans après la création du FN par un groupe d'hommes tous plus anti-gaullistes les uns que les autres (issus du pétainisme ou de l'Algérie française). Ce que l'on peut examiner, en revanche, c'est effectivement la démarche, la façon de faire de la politique, la relation que chaque candidat veut entretenir avec le peuple, pour déterminer le degré de gaullisme de chacun. Et encore c'est compliqué, parce que là aussi le monde politique, les exigences de la communication et le rapport des citoyens à leurs élus ont profondément changé. Mais ce que l'on peut dire avec certitude, c'est qu'un accord de partis entre les deux tours est à cent lieues de l'esprit gaulliste (ou gaullien) qui était parfaitement hostile au régime des partis... Et, puisqu'il est de mise, sur une idée lumineuse et dévastatrice de François Fillon (dévastatrice surtout pour lui-même), de passer l'action et les dires des candidats au tamis de cette formule : « Imagine-t-on le général de Gaulle, etc. », faisons le test : Imagine-t-on le général de Gaulle amendant les principaux points de son programme, à six jours du scrutin pour attirer un candidat défait au premier tour ? Poser la question c'est y répondre. Imagine-t-on le général de Gaulle utilisant les mots et les thèmes de l'adversaire le plus résolu, pour attirer ses électeurs ? Non ! Et là il s'agit de Jean-Luc Mélenchon. Marine Le Pen est allée jusqu'à expliquer hier (en contradiction totale avec son programme qui ne prévoit rien de la sorte) qu'il fallait une « planification écologique ». L'axe central du programme de Jean-Luc Mélenchon ! On trouve désormais tout dans le programme de Marine Le Pen... La fameuse rencontre entre le peuple et un homme (en l'occurrence une femme), précepte gaullien s'il en est, s'agissant de la présidentielle, tourne là à la rencontre entre le peuple et la Samaritaine.

Et puis il y eut le débat ! Les Français découvrent que Marine Le Pen n'est pas le personnage qu'elle jouait depuis des années. La candidate d'extrême droite n'a pas le niveau et n'a pas su se départir de son rôle de tribunitienne protestataire. L'outrance n'est pas l'autorité. Entre les deux tours il faut proposer, non pas dénoncer. On vous regarde comme possible futur chef (cheffe ?) de l'État. Les Français découvrent aussi Emmanuel Macron qu'ils ne connaissaient finalement que très peu. Un duel, un affrontement, rien de tel pour voir ce que les futurs potentiels présidents ont dans le ventre. La veille de ce débat la tension était à son comble. Macron va-t-il tenir le choc face au bulldozer Le Pen ? Nous en parlions, avant de prendre l'antenne avec Patrick Cohen. Dans les années 90 nous étions tous les deux à RTL. J'étais passé du service politique au service étranger et Patrick m'avait succédé et avait pris en charge mes dossiers, parmi lesquels la couverture du FN. Autant dire qu'il connaît bien la famille Le Pen. Nous, nous pensions, et nous nous le sommes dit, que la candidate pouvait ne pas tenir le choc. Il y avait un problème de compétence, de maîtrise des dossiers, peu perceptible dans ses diatribes habituelles mais que les « rubricards » du FN que nous avions été, des années durant, suspectaient fortement. Nous n'étions pas sûrs de nous pour autant. Quelques minutes après le début du duel… nous étions fixés, nous avions raison.

4 mai 2017

Le débat…

C'était un pugilat. Marine Le Pen l'a voulu ainsi… elle a donc réussi à imprimer ce climat dès le début. Mais du coup elle n'a fait que parler (pour le critiquer, le détruire, l'atomiser) d'Emmanuel Macron… de son programme et de sa personne, l'intronisant elle-même futur président. Jusqu'à sa conclusion – moment solennel, statutaire s'il en est –, au cours de laquelle elle n'a fait que commenter les propositions de son concurrent. Le seul moment où la candidate a détaillé ses propres idées et semblait sur son terrain, c'était sur la question de la lutte contre le terrorisme, à propos de laquelle elle a pu affirmer sa fermeté, avec une autorité qui plaira à ses partisans. Elle maîtrisait à ce moment la question (quoi que l'on pense de la pertinence de ses solutions). Puis il y eut l'euro et le franc. Là ce fut inintelligible. Le téléspectateur ne comprend plus rien avant de s'apercevoir que c'est la candidate, elle-même, qui est perdue ! Sur ce sujet Marine Le Pen a fait naufrage. Emmanuel Macron, lui, maîtrisait ses dossiers, il n'avait aucune note et son aisance pouvait le disputer parfois (comme toujours en pareil cas) à une impression d'arrogance contre laquelle il luttait finalement assez efficacement par un ton plus didactique que donneur de leçon.

Il y avait vraiment deux stratégies.

Emmanuel Macron voulait faire président, montrer que malgré son jeune âge il pouvait revêtir les habits du chef de l'État. Il ne s'est pas départi de son calme malgré la stratégie de harcèlement de Marine Le Pen. Le candidat d'En Marche ! avait choisi de répondre à toutes les attaques, toutes les insinuations, quitte à donner l'impression parfois de se laisser embarquer dans tous les chemins que lui désignait Marine Le Pen. Mais cette stratégie de défense produisait finalement un effet bénéfique pour Emmanuel Macron puisque le débat restait, de ce fait, en permanence sur ses propositions. Et c'est là que l'on peut s'interroger sur la pertinence de la tactique de Marine Le Pen. Son agressivité, son ironie offensive donnait l'impression qu'elle concourait au poste de chef de l'opposition, pas à celui de présidente. A-t-elle déjà intégré la défaite ? Ou alors, fait-elle l'analyse que pour gagner (puisque nombre de Français sont en colère et même en état de révolte contre ce qu'elle appelle le système) il faut tout renverser et se présenter en bulldozer, selon la méthode Trump ? Donald Trump a gagné comme ça, en choisissant les armes du duel, marteau-pilon plutôt que fleuret ! Mais cette stratégie est-elle importable en France ? Aux États-Unis, c'est Washington et le gouvernement fédéral qui sont détestés par une grande partie des Américains… Trump pouvait donc se permettre de ne pas respecter les codes de la bienséance washingtonienne et du débat politique classique, et même de les piétiner… En

France, ce n'est pas la même chose. Ce n'est pas l'institution du président de la République, ce n'est pas l'État central qui sont honnis, ce sont ceux qui les incarnent. Dès lors, il n'est pas sûr que le style doberman, loin du minimum de solennité, de retenue, qui sied à l'idée que l'on se fait d'un président, soit la meilleure stratégie. L'enjeu pour Macron, c'était que ceux (nombreux) qui hésitent à le choisir, même par défaut, trouvent des arguments pour franchir le pas. Marine Le Pen les leur a sans doute fournis hier soir.

IV

François Fillon, l'homme d'un monde qui s'éteint

Avant Fillon il y avait Juppé. Le maire de Bordeaux, en cette rentrée 2016, était le futur président. C'était son tour, c'était le tour d'un type sérieux et modéré, d'un homme d'État qui ressemble à un homme d'État… c'était politique, arithmétique, normal. Face à Marine Le Pen, l'autre certitude pour la qualification au second tour, Alain Juppé était l'homme idoine pour rassembler largement. En 2011 les électeurs de la primaire de la gauche avaient choisi le mieux placé dans les sondages pour faire face à Nicolas Sarkozy, après « l'accident » DSK. Ils avaient pris le plus modéré : François Hollande. En septembre 2016 il n'y avait aucune raison que les électeurs de droite ne soient pas aussi tentés de prendre le plus modéré, le mieux placé. Après tout une primaire n'est pas une élection mais plutôt une sélection, l'électeur est stratège. C'est du moins ce que l'on croyait à ce moment-là. À moins que la primaire soit corsetée, phagocytée de l'intérieur par Nicolas Sarkozy revenu à la tête du parti jusqu'à août, et que seuls les vrais sympathisants, l'armée de fans de l'ancien président, se déplacent. Auquel cas Alain Juppé n'avait qu'à bien se tenir. Quant à François Fillon… rien… il avait une chance de gagner le duel pour la troisième place, avec Bruno Le Maire.

14 septembre 2016

Hier soir à Strasbourg, Alain Juppé prononçait un discours sur le thème de l'identité : la France c'est d'abord – pour l'ancien Premier ministre de Jacques Chirac – notre passé, nos racines qui sont grecques, latines et judéo-chrétiennes… des racines mais aussi des apports extérieurs, de la diversité avec ses vagues d'immigration et les territoires d'outre-mer. Dans ces cas-là il faut citer Marie Curie. Et donc Alain Juppé cite Marie Curie, immigrée de Pologne qui a tant apporté au prestige scientifique de notre pays. Notre identité c'est aussi notre culture qui nous permet de rayonner dans le monde, c'est notre langue qui exprime le génie de notre peuple… ce sont bien sûr des valeurs : liberté, égalité, fraternité… et laïcité, cela va de soi… ce sont enfin des symboles, un drapeau, et un hymne… Bref, il enfilait des perles, enfonçait des portes ouvertes ! Ou alors c'est simplement la définition de quelqu'un qui estime que le principal problème du pays n'est pas l'identité et que l'angoisse identitaire est en réalité une angoisse sociale. Mais puisque l'identité fait la une, tout le temps, il est bien obligé de traiter le sujet. Il l'a fait hier à Strasbourg… ce qui est fait n'est plus à faire. C'est pourtant, d'ordinaire, un sujet qui enflamme les salles… Alain Juppé, lui, rendort tout le monde. On peut s'amuser à terminer presque toutes ses phrases pour passer le temps pendant le discours ! Mais faut-il s'en plaindre ? Après tout. Parfois, on a envie d'arrêter l'essoreuse à polémique. Un homme politique qui, sur ce sujet, n'explique pas que le burkini ou les repas de substitution risquent de saper le fondement d'une identité millénaire, ou que c'est la République qui recule, cet homme politique n'est, c'est vrai, pas très divertissant. Alain Juppé n'est ni survolté ni normal, il est le présidentiable classique. En l'écoutant, on se demande si ce classicisme est vraiment adapté à ce monde en évolution si rapide, ou si justement il ne pourrait pas constituer un point d'ancrage rassurant. Alain Juppé pourrait très bien sortir d'une DS noire sans que l'on remarque que la voiture et l'homme ne sont pas de la même époque. En parlant d'identité heureuse (un objectif, pas une constatation, précise-t-il), il réveille, en douceur, par procédé allusif, le souvenir des Trente Glorieuses. L'époque où le progrès et la tradition étaient harmonieux. Il ne sait pas encore dessiner l'identité heureuse de demain, dans une mondialisation sauvage. Lui président, ce serait le retour d'un classicisme d'État, pas vraiment un quinquennat, plutôt un plan quinquennal, le retour des hommes qui ont lu, qui savent incarner proprement le pays sans le subjuguer mais sans lui faire honte… compétant, solide, cultivé… un peu distant, un peu désuet. En écoutant son discours hier soir, c'est la perplexité qui l'emporte. On se dit que (sur ce sujet au moins) il pourrait constituer le point de convergence d'une France fatiguée de la com à outrance, des débats survoltés, des triangulations tactiques, des populismes protestataires. Il continue à truster le haut du tableau de popularité… mais ce n'est que la popularité du moindre mal dans un monde politique largement rejeté. Comment passer du moindre mal à la dynamique : Alain Juppé n'y est pas encore… et c'est ce qui rend sa position de leader très fragile.

« Sa position de leader très fragile »… Ce jour-là je suis prudent, je sais trop bien que le monde politique bouge plus vite que nos analyses.

Il y a aussi Bruno Le Maire. Le plus si jeune (46 ans) candidat dit « du renouvellement » est habité par l'idée qu'il faut un grand coup de balai sur le personnel politique. Il veut être le manche de ce balai. L'ancien ministre de l'Agriculture avait vu juste mais il croyait encore, à l'époque, que le renouveau (qui était donc Bruno) pouvait s'opérer dans le cadre des vieux partis. Une primaire était en soit un exercice assez nouveau pour la droite, ce pouvait donc constituer la bonne façon de dégager les vieux briscards, pensait-il. Mais une primaire de droite s'adresse aux électeurs les plus assidus de la droite… c'est-à-dire aux plus âgés ! « Essayez de vendre un toboggan à une maison de retraite ! » Cette formule m'a valu un coup de fil désapprobateur mais amusé du conseiller politique Jérôme Grand d'Esnon. Participer à la primaire était une erreur, Bruno Le Maire a manqué d'audace… L'audace de la rupture et de la transgression c'est Emmanuel Macron qui l'a eue. Jérôme Grand d'Esnon sera, quelques mois plus tard, le premier « lemairiste » à rejoindre Emmanuel Macron.

En septembre 2016, Bruno Le Maire dispute donc (première étape, pense-t-il) la position stratégique du troisième homme à François Fillon…

19 septembre 2016

Bruno Le Maire a fait son premier grand discours de la rentrée hier à Sète au moment où l'on apprenait que Jacques Chirac était hospitalisé. Bruno Le Maire faisait du chiraquisme version 1995, c'est-à-dire la version victorieuse, la version fracture sociale. Comme Chirac, Le Maire est un grand gars sympathique, énergique et cultivé, qui connaît, aime le terroir, et a la poignée de main facile… Comme Chirac 95, il développe un discours un brin autoritaire, mais qui se veut aussi humaniste. Comme Chirac, il porte une attention particulière aux plus faibles, aux handicapés, par exemple. Mais comme Chirac, le discours de Le Maire est un large râteau idéologique. Et à l'écrit, dans son livre programme, il fait plutôt du Chirac 1986 au carré, très autoritaire-libéral. En réalité, dans cette primaire, Le Maire prend bien soin d'être compatible avec Alain Juppé et Nicolas Sarkozy. Du moins avec leurs électorats. En cas de troisième place pour être faiseur de roi, mais aussi parce que son vrai pari n'est pas d'être le troisième homme (place qu'il n'a d'ailleurs pas encore vraiment acquise, face à François Fillon). Non, il estime que, la campagne aidant, il va se faire mieux connaître et sera en mesure, début novembre, d'imposer le renouveau après une période fratricide entre l'ancien président et les anciens Premiers ministres en lice. Il lui faut donc rester compatible avec ceux qui là en pincent pour chacun des deux leaders de la primaire que Le Maire qualifie ainsi : « le karcher brutal et l'immobilité heureuse », et ainsi incarner le renouveau.

Mais le thème du renouveau, c'est un peu court

« Le renouveau c'est Bruno », tel était l'un de ses slogans de début de campagne (à la fois parfaitement débile et très efficace, comme le sont parfois les mauvais jeux de mots au troisième degré). L'âge non plus ne suffit pas (surtout qu'à 47 ans Le Maire n'est plus vraiment un gamin). Mais c'est compliqué d'incarner le renouveau pour un corps électoral très âgé… Car les sondeurs vous le diront (c'est à peu près la seule chose dont ils soient sûrs), le cœur électoral de la primaire aura autour de 60-65 ans. Bruno Le Maire doit donc promouvoir du renouveau pour vieux. Essayez donc de vendre des toboggans à une maison de retraite ! D'ailleurs, pour incarner le renouveau et la modernité, Le Maire est passé très vite, hier, sur l'économie numérique ou l'ubérisation. Pas un mot sur le changement climatique et le nouveau monde que ce phénomène va imposer. Mais en revanche, un gros chapitre sur la façon d'apprendre l'histoire à nos enfants… et un style très à l'aise, sans note ni veste. Une « coolitude » de premier communiant, de quoi faire un carton aux Hespérides, avec ce vœu audacieux : être (en 2017, quand même) le président qui fera entrer la France au XXIe siècle. Cessons de persifler parce que ça peut marcher. Bruno Le Maire dispose de tous les atouts pour rafraîchir la vieille maison de la droite sans trop effrayer ses pensionnaires. Il n'a rien à envier aux briscards madrés qui ont déjà trop gouverné sans résultats. Et ça pourrait bientôt se voir, par exemple fin octobre et début novembre, au cours des débats télévisés qui opposeront les candidats à la primaire.

Dans cette primaire, il y eut quelques débats du vieux monde. Personne ne savait très bien quel allait être le corps électoral de cette compétition inédite, mais une chose était sûre : la moyenne d'âge de l'électeur serait canonique ! Ça se ressentait dans certaines prises de position sépia et nostalgiques. Ne vous y trompez pas, c'était mieux avant !

26 septembre 2016

Le débat sur le roman national et l'enseignement de l'histoire est au cœur de la primaire de la droite... Ces thèmes sont centraux dans chaque discours des candidats de la primaire, chez Nicolas Sarkozy, Jean-François Copé, Bruno Le Maire et François Fillon. Ils estiment que l'apprentissage de l'histoire à l'école, trop influencé par l'esprit de 68, est un élément du délitement national qu'ils dénoncent. On aurait, pendant toutes ces années, fait la part belle aux tentatives d'explication, de contextualisation des faits historiques, au détriment de la chronologie (en réalité jamais vraiment abandonnée), et surtout au détriment du récit unificateur – du baptême de Clovis à la Résistance –, avec ses dates et ses héros, Roland à Roncevaux, le valeureux Du Guesclin, le méchant évêque Cauchon, Marignan 1515, les braves poilus de 1914. Les candidats de la primaire qui s'adressent au cœur électoral de la droite, plutôt âgé, lui proposent de revenir aux cours d'histoire de sa jeunesse ! C'est d'une efficacité de tribune redoutable pour faire vibrer d'émotion ceux qui étaient dans la force de l'âge pendant les Trente

Glorieuses et qui, donc, sont si sensibles au « c'était mieux avant ». Mais est-ce vraiment au pouvoir politique de s'intéresser aux programmes d'histoire ? Il n'est pas anormal que les politiques s'intéressent à ce que l'on apprend à nos enfants dans une école censée être le lieu où se forment des citoyens. Mais former des citoyens c'est former à l'esprit critique et non pas leur infliger un récit enjoliveur et glorificateur. Nicolas Sarkozy dit vouloir le retour des héros nationaux. Mais lesquels, pour quel message ? Charles Martel ou Louise Michel ? Déjà le vieux débat, que l'on avait su dépasser, sur la place de la Révolution, ressurgit : Jean-Luc Mélenchon dit hier, en écho, que le moment fort de notre histoire c'est 1789. Nicolas Sarkozy, lui, parle de l'histoire des rois, de l'Empire et des Républiques comme d'une continuité de la France éternelle. On est stupéfait de voir renaître toutes ces controverses de nos grands-parents. L'histoire est une science humaine, pas un art romanesque, et les enfants d'aujourd'hui, connectés, nourris aux réseaux sociaux et abreuvés de multiples sources d'information, ne sont pas ceux d'hier. On se demande si les enfants des candidats qui veulent le retour de l'uniforme à l'école et du roman national sont élevés aujourd'hui ! Peut-être que ces ados n'ont pas de smartphone, ne parlent pas à table, passent leurs loisirs à lire les classiques dans la collection Nelson ou à faire des herbiers ? C'est une constante, chez nous, dans ces moments, avant une élection présidentielle, on se gargarise de ce que nous avons été, on promet de le redevenir, faute de savoir imaginer l'avenir toujours plus angoissant. Chaque prétendant à l'Élysée pense concourir (techniquement il n'a pas tort) à la succession de Louis XIV, Napoléon et de Gaulle... Il devient obsédé d'histoire. De sa trace dans l'histoire !

Mais il est aussi le successeur de Dagobert, des rois oubliés et impuissants ou de Deschanel. S'écharper sur la façon d'apprendre l'histoire plutôt que de s'employer à avoir quelque prise sur l'histoire qui s'écrit sous nos yeux, ne serait-ce pas l'une de nos pathologies politiques nationales ?

À l'automne il suffisait d'écouter Nicolas Sarkozy se droitiser, se caricaturer lui-même, pour comprendre qu'il encourait le risque de mobiliser contre lui assez d'électeurs modérés et même de gauche pour lui barrer la route. Je lui posais la question autour d'un café juste après une matinale. L'ancien président m'a jeté un regard qui disait à peu près ceci : « Pauvre bobo déconnecté de France inter qui ne connaît pas le peuple... » Nicolas Sarkozy pensait que son noyau de fans allait irradier son amour pour lui et que l'évidence de sa candidature à la présidentielle, viendrait du peuple et exploserait à la figure des bien-pensants hors sol que nous sommes... Deux mois après, le peuple est resté chez lui et quelques 300 000 électeurs de gauche ont payé deux euros à l'organisation de la primaire de la droite et du centre pour exclure définitivement Nicolas Sarkozy de la politique...

Dans la chronique qui suit, sans le savoir je décris l'offre politique qui gagnera en mai de l'année suivante. Une idée du dépassement nécessaire du clivage gauche/droite. J'avais vu l'offre politique, pas encore l'homme qui allait l'incarner après coup (on se rassure comme on peut…).

30 septembre 2016

Chez Alain Juppé, on compte sur les électeurs de gauche… chez Nicolas Sarkozy on commence à s'en inquiéter. La gauche peut-elle perturber la primaire de la droite ? Une toute petite partie de cet électorat mais qui à l'échelle d'une primaire peut avoir un poids déterminant, puisque sur un corps électoral total de plus de 40 millions, la primaire de la droite et du centre pourrait réunir 2, 3, voire 4 millions d'électeurs. Mais quand même, me direz-vous, il faut signer une sorte de charte pour voter… Est-ce que ça ne va pas rebuter les électeurs de gauche ? Eh bien si, la quasi-totalité des électeurs de gauche n'a aucune envie de se déplacer, et même de se montrer dans les bureaux de vote de la primaire de la droite mais, encore une fois, il suffit que quelques dizaines de milliers d'entre eux y aillent pour faire bouger les lignes de façon décisive en cas de coude à coude, par exemple, entre Nicolas Sarkozy et Alain Juppé le dernier dimanche du mois de novembre. Et puis ce texte, cette charte, que chaque votant devra signer devant l'urne, a été rédigé sous l'influence de juppéistes, qui ont été, au sein du comité d'organisation de la primaire, les plus malins. Il y est dit ceci : « Je partage les valeurs républicaines de la droite et du centre. » Il n'y est pas dit « je partage les valeurs de la droite et du centre »… les valeurs RÉPUBLICAINES, qui, par définition, sont les mêmes entre la droite et la gauche, constituent le socle commun d'à peu près tous les acteurs de la démocratie française. Un électeur de gauche peut la signer, certes en serrant un peu les dents. Et puis du choix du candidat de la droite dépendra la puissance de feu contre Marine Le Pen.

Alain Juppé dose son discours en conséquence et c'est un équilibre subtil à trouver : rester ferme et à droite pour ne pas s'aliéner non plus le cœur électoral de LR, tout en jouant du contraste avec un Nicolas Sarkozy survolté, sur certains sujets clés. Alain Juppé peut apparaître comme le républicain (non pas au sens LR) le plus rassembleur. Le discours ouvert du maire de Bordeaux sur l'accueil des migrants de Calais dans les régions, son ton pondéré, un peu raide, passablement rasoir mais calme, le fait apparaître, pour beaucoup, à gauche, comme un représentant acceptable de la droite... qui, en plus, a promis de ne pas se représenter en 2022. Un certain nombre d'électeurs de gauche sont désormais décidés à participer à la primaire de la droite afin de se choisir l'arôme le plus masquant pour la potion qu'ils devront avaler si le second tour de la présidentielle devait opposer la droite et l'extrême droite. J'ai entendu, cette semaine, un électeur habituel de gauche dire : « Je suis prêt à prendre le métro pour voter à la primaire... mais pas plus de trois stations. » Un autre lui a répondu : « Écoute encore une semaine de discours de Sarkozy et tu traverseras Paris en Vélib' pour voter pour Alain Juppé... » (Oui, c'était des bobos.) En « droitisant » à outrance son discours ces dernières semaines, pour consolider le noyau dur de son électorat chauffé à blanc, l'ancien président a surtout réactivé les anticorps de la gauche, qui pourraient donc se manifester jusqu'au sein de la primaire de novembre.

Qui peut voter à la primaire ? La chronique qui suit répond à cette question mais la réponse est subjective… et contente de l'être ! Elle ne reprend pas ce qui est prévu dans les statuts de la primaire, elle les interprète avec malice (ou malveillance diront ceux qui seront choqués). J'ai hésité avant d'écrire ce qui suit car mes arguments pouvaient rencontrer un certain écho auprès d'auditeurs de gauche à qui l'idée de voter à la primaire de droite ne serait peut-être pas venue. Des auditeurs qui, après ma chronique – qui explique avec des arguments un peu tirés par les cheveux, mais assumés et présentés comme tels, que chacun peut s'emparer de ce scrutin –, se sentiraient moins coupables de participer. Je prenais la responsabilité, bien relative, de dénaturer un peu un processus démocratique qui n'est pas fait pour eux. J'eus donc, la veille au soir devant mon ordinateur, un petit (et assez court, soyons honnête) cas de conscience. J'en parlai à des proches qui, pour la plupart, me déconseillèrent d'expliquer à nos auditeurs (à ceux qui sont de gauche… ils sont quelques-uns…) qu'ils pouvaient utiliser un scrutin qui n'était pas fait pour eux. Je pesai le pour et le contre démocratique, et jugeai finalement que tous les électeurs, de droite et de gauche, devaient s'intéresser et donc participer, s'ils le voulaient, à cette élection partisane, puisque de toute évidence (mais on verra plus tard que l'évidence n'est pas un mot du vocabulaire électoral par les temps qui courent) celui qui allait sortir de ce processus serait président à la fin et que les électeurs de gauche auraient, de toute façon, à voter pour lui face à Mme Le Pen... J'avais une expression graveleuse pour bien faire comprendre à mes contradicteurs mon point de vue : « Les électeurs de gauche ont le droit de choisir leur marque de vaseline ! » Bien sûr cette métaphore fleurie n'était pas de mise dans une chronique politique de la matinale de France Inter... Je ne suis pas non plus certain qu'elle soit de mise dans ce livre mais c'est trop tard... J'avais d'autres arguments qui, je pense, n'étaient pas dénués de fondements.

18 novembre 2016

Tout le monde peut voter à la primaire de la droite et du centre. Même les électeurs de gauche. Ceux-ci le peuvent très bien, tout comme les électeurs de droite en janvier pourraient voter à la primaire de la gauche. D'abord parce que cet exercice démocratique ne consiste pas à désigner le Président mais le candidat d'un camp. En participant à sa sélection, tout le monde peut déterminer la qualité et la nature du débat présidentiel que nous allons vivre (et si possible essayer de ne pas subir). La présidentielle, c'est le moment cardinal de la vie politique française. Tous les cinq ans, pendant six mois, on refait la France par les mots. Le ton – et surtout le thème dominant – dépend du casting. Deux grands thèmes sont en concurrence, l'économique, le social d'un côté, et l'identitaire, l'autorité de l'autre. Lequel de ces deux thèmes doit dominer les débats ? En choisissant les candidats, même celui du camp qui n'est pas le vôtre, vous pouvez peser sur ce que sera la dominante et donc aussi l'ambiance générale dans le pays ces prochains mois. Si une partie importante – ce sera toujours par nature assez minoritaire, mais importante quand même – d'électeurs de gauche votait à la primaire de la droite et autant d'électeurs de droite à la primaire de la gauche, ça donnerait une prime aux candidats les plus ouverts, à ceux qui ne misent pas tout sur l'antagonisme et le clivage pour gagner. Les primaires de chaque camp changeraient de nature et ne seraient plus (ce que l'on observe avec ce que l'on pourrait appeler la primaire de la droite et de la droite) un exercice de « recroquevillement » idéologique.

Il faut quand même signer une charte d'appartenance politique avant de voter me direz-vous ! Oui mais le texte qui a été adopté par les organisateurs de la primaire (sous l'influence assez efficace des juppéistes) est très ouvert. Il demande aux électeurs d'approuver les valeurs républicaines de la droite et du centre. C'est tout à fait « signable » par des électeurs de gauche ! Les valeurs républicaines sont des valeurs communes à la quasi-totalité des Français. Et puis le texte dit aussi qu'il faut être pour l'alternance... mais il n'y a pas de date ! Alors si vous êtes pour l'alternance, dans l'absolu, bref si vous êtes démocrates, vous pouvez signer... Oui, c'est un peu spécieux comme raisonnement mais les électeurs aussi (pas seulement les stratèges des partis) ont le droit d'être malins et un tout petit peu retors... ou simplement prévoyants : il y a certainement beaucoup d'électeurs de gauche (et c'est tout à fait légitime) qui, avant de voir si l'un des candidats de leur camp arrive à émerger, sont tentés de sécuriser un minimum une présidentielle bien partie pour glisser vers la droite dure et le populisme. La gauche sera tellement dispersée (Macron, Mélenchon, Jadot, un ou deux trotskistes et le candidat socialiste issu de la primaire) que ce serait un miracle que l'un d'entre eux se qualifie pour le second tour. Et ce sont les électeurs de gauche (une bonne partie du moins) qui arbitreront. Ce sera déjà pénible pour eux ! Il n'y a donc aucune raison qu'ils ne donnent pas leur avis sur le goût et la texture de la potion amère qu'ils devront peut-être avaler en mai prochain, s'ils veulent faire barrage au FN.

Résultat du premier tour de la primaire : François Fillon ! Ce sera donc lui – qui peut en douter ? – le prochain président.

Nous en étions tous quasiment certains. Juppé exit, c'était donc ça la fameuse surprise qui ne manquerait pas d'arriver. Mais ce n'était qu'une première surprise, l'essoreuse politique allait s'accélérer. Pour François Fillon, de novembre à mai, ce ne sera qu'une lente descente, un inexorable enfoncement… vers une défaite inenvisageable.

21 novembre 2016

Prenons les choses dans l'ordre… d'abord la défaite de Nicolas Sarkozy.

C'est d'abord la défaite de quelqu'un qui n'a pas compris la mécanique de la primaire. En revenant par la porte partisane de l'UMP, transformée en LR, Nicolas Sarkozy, sûr de lui, pensait qu'il allait, par sa simple réapparition, écraser le match, imposer son leadership, rendant la primaire soit inutile soit accessoire, instrument de revalidation populaire pour sa personne. Quand la primaire s'est imposée pour ce qu'elle était, une vraie compétition, Nicolas Sarkozy a cru pouvoir incarner le peuple contre les élites, la vox populi contre la bien-pensance... Mais ce n'est pas la partie la plus populaire de la droite qui s'est mobilisée, c'est la partie la plus classique. Quand l'ancien président s'en est pris à Alain Juppé à propos de son alliance avec François Bayrou, le cœur classique de l'électorat de droite a adhéré à cette critique. Seulement il en a tiré la conclusion qu'il fallait plutôt se tourner vers François Fillon. Donc, nous avons assisté à un rejet profond de la façon de faire de la politique de Nicolas Sarkozy. Les 600 000 électeurs de gauche (c'est une forte mobilisation !) ont fourni le cercueil politique aux électeurs de droite : ce sont effectivement eux qui ont disqualifié l'ancien président dès le premier tour. Et ils étaient légitimes à le faire puisque Nicolas Sarkozy a été le président de tous les Français, donc aussi le leur. Il est fort probable qu'ils ne se déplacent pas en aussi grand nombre pour aider le modéré Juppé contre le conservateur Fillon. Maintenant ce sont vraiment les affaires de la droite.

Ensuite, la surprise Fillon.

François Fillon apparaît (c'est plus facile à dire après) comme étant à la confluence de plusieurs aspirations de la droite française... de celle qui s'est déplacée hier. Il incarne un conservatisme très ancré, assumé, sans ambages, mais tranquille, ni hargneux ni éruptif. Avec son programme en forme de purge libérale, il a réussi à faire passer l'idée que le quinquennat Sarkozy l'a bridé pendant ses cinq ans à Matignon. Nicolas Sarkozy parlait fort mais, au fond, agissait peu. Fillon, lui, est sobre dans son expression mais promet, par effet de contraste, d'agir puissamment. Dans le débat de l'entre-deux-tours, il ne sera plus question, d'abord, de ces sujets épidermiques et trop facilement utilisables pour actionner le cerveau reptilien de l'électeur : l'identité, l'immigration. Il portera essentiellement sur l'économie, sur le degré de libéralisme qu'il faut insuffler à la France. Il sera aussi question de diplomatie : leurs avis, notamment sur les rapports avec Poutine, sont vraiment différents, au moment où Moscou participe activement au massacre délibéré des civils d'Alep. Au fond, et en attendant d'en connaître plus sur la sociologie des votants par rapport à la sociologie réelle de la droite française, il est difficile de savoir si ce score reflète une adhésion au programme de François Fillon, ou s'il constitue simplement l'addition cruelle du rejet de Nicolas Sarkozy. Le chiffre de la participation de dimanche prochain nous donnera une réponse. S'il est aussi élevé c'est que l'offre Fillon est une dynamique, s'il baisse, c'est que le moteur de la réussite de la consultation d'hier aura été le rejet de l'ancien président.

22 novembre 2016

Qu'est-ce que la droite Fillon ? Comment la définir ? Depuis hier, François Fillon est affublé du qualificatif « conservateur ». Un mot très négatif en France... (La droite avait réussi, ces derniers temps, à accoler ce mot à la gauche sur les questions économiques et sociales.) Mais en se faisant ainsi étiqueter, et donc fustigé, moqué de toutes parts, François Fillon va pouvoir entonner l'air très efficace du martyr antisystème ! En réalité, à bien y regarder, l'adjectif qui vient à l'esprit quand on écoute ses discours et que l'on arpente ses meetings, c'est plutôt « classique ». Fillon, c'est la droite classique, à la fois provinciale et bourgeoise, la droite catholique traditionnelle sans être traditionaliste. Une droite enracinée, patrimoniale et familiale, avec de fortes convictions mais qui préfère qu'elles soient affirmées avec gravité et autorité plutôt que braillées de façon provocatrice, comme pouvait le faire Nicolas Sarkozy. Cette droite est solidement implantée dans les villes moyennes et dans les quartiers aisés des grandes villes. Quand l'économie va bien, elle sait se montrer relativement libérale sur les questions de société et élire Valéry Giscard d'Estaing. Quand l'économie vacille, elle opère une forme de repli et regrette ses concessions à la modernité. François Fillon, l'homme affable, a su intégrer juste ce qu'il fallait de contestation antisystème, antimédiatique, antigermanopratine (un comble pour le député d'une partie du faubourg Saint-Germain). Sur les sujets de société, il promeut non pas un retour en arrière (sauf peut-être en matière d'éducation) mais plutôt la volonté de la droite de faire une pause dans la marche de la modernité sociétale.

On est assez loin de la droite populaire qui devait, comme avec Trump, le Brexit et sans doute l'Autriche, tout emporter sur son passage. Cette primaire (et c'est la grande erreur de Nicolas Sarkozy) n'était pas le lieu de l'expression de la droite contestataire et populaire. Est-ce que cette droite-là, pour le coup violemment antisystème, existe en France ? Si oui, elle ne s'exprime pas massivement dans une primaire qui oppose des gouvernants habituels, elle se retrouvera sous les couleurs du FN en avril prochain. Le ton du discours de François Fillon sur les sujets de société (le ton plus que la réalité de son programme d'ailleurs), classique-conservateur, donc, va obliger Marine Le Pen à réorganiser sa stratégie antisystème. La dénonciation de l'UMPS va perdre de sa pertinence. Mais (toujours si François Fillon gagne la primaire), c'est pour la gauche que des perspectives inattendues peuvent s'ouvrir. En effet, la droite, ces dernières années, sous la bannière sarkozyste, avait réussi à être perçue comme le parti du mouvement. La droitisation sarkozienne n'était pas vue comme conservatrice, ni classique. Et c'est la gauche qui voulait préserver le modèle social, qui se voyait affublée du sceau du conservatisme. En reprenant le flambeau du classicisme et du conservatisme, François Fillon peut permettre à la gauche de retrouver son rôle historique de défricheur d'avenir. C'est une nouvelle perspective inattendue que la gauche aurait tort de ne pas exploiter au plus vite.

Où l'on s'aperçoit, en se replongeant dans les débats de l'époque (voilà qu'on parle comme s'il s'agissait d'une autre ère !), que François Fillon, bien avant d'être accablé par les affaires, avait décidé de faire campagne sur l'antisystème de droite. Aurait-il gagné sans le Penelopegate ? Aujourd'hui encore qui peut répondre. La vague Macron (la vague donc pas la bulle) aurait-elle aussi emporté un Fillon clean ? Le choix du conservatisme sociétal par l'ancien Premier ministre de Nicolas Sarkozy peut le laisser penser… Mais il serait présomptueux, comme tout ce que ce livre démontre, d'avoir une quelconque certitude sur ces sujets…

24 novembre 2016

Revenons ce matin sur deux tweets de François Fillon significatifs…

Ils ont été postés hier, je vous les lis : « Je crois à la famille, à l'autorité de l'État. Ces sujets font rire à l'intérieur du périphérique, mais ils sont dans le cœur des Français » ; et l'autre : « Un microcosme pense avoir la vérité sur tout et parler au nom du peuple français. » François Fillon se met dans les pas hors système de Nicolas Sarkozy. Pourquoi ? Sans doute parce que l'ancien président pèse 20 % de l'électorat de la primaire et que, pour battre à plate couture son rival, il faut à Fillon un report maximal. Mais quand on a recueilli près de 2 millions de voix d'un électorat composé pour moitié de retraités plutôt aisés, expliquer qu'on est la vox populi est assez osé. François Fillon est quand même député de Paris... L'opposition Paris/Province, l'opposition élite/peuple avec ces critères sociologiques et géographiques (mais certainement pas sociaux) est assez pratique parce que personne ne se reconnaîtra dans la catégorie fantasmée et dénoncée. Fustiger avec ces mots, devenus des poncifs populistes, un groupe qui ne comporte aucun membre revendiqué, comme s'en prendre aux bobos, assure un succès sans risque de se voir poursuivi par une quelconque fédération nationale des élites déconnectées et de l'intra-périphérique parisien, ou par SOS bobophobie. Donald Trump n'a fait que ça pendant sa campagne, il a gagné. Nicolas Sarkozy s'y est essayé et il s'y est cassé les dents parce que en France c'est le FN qui a déposé la méthode depuis longtemps.

François Fillon ne nous avait pas habitués à cette rhétorique. D'ailleurs 25 % des électeurs de gauche ayant voté au premier tour de la primaire ont glissé un bulletin Fillon pour sanctionner le populisme sarkozien ! Bien que conservateur et austère, François Fillon bénéficie (bénéficiait ?) d'une image d'homme droit, ne cédant pas aux facilités de la démagogie. Pendant ces deux ans de campagne, le député du quartier le plus riche de Paris a sillonné méthodiquement la France. Il a perçu, dans le cœur électoral de la droite, un ras-le-bol... Une fracture entre une population urbaine à l'aise dans son temps et une population de villes moyennes (et surtout plus âgée) qui se sent bousculée, moquée de ne pas emboîter le pas aux transformations sociétales. Mais c'est une chose de prendre en compte cette fracture réelle, c'en est une autre de s'en servir, quitte à l'accentuer, en laissant penser que les défenseurs du mariage homosexuel (car il s'agit de ça, bien sûr) ne sont pas attachés aux valeurs familiales, ou même les détruisent. On peut être en faveur de l'union de deux hommes ou de deux femmes, considérer même qu'ils peuvent élever des enfants, et être très attaché justement à l'idée que la famille est un échelon essentiel pour l'équilibre de la société. Dénier cette autre réalité, c'est fracturer un peu plus la société. François Fillon s'approche à grands pas du pouvoir. La route vers l'Élysée lui est grande ouverte. Il peut l'emprunter en rassembleur… ou en diviseur. C'est parce qu'il avait l'air d'avoir choisi la première solution qu'il a éliminé à plate couture Nicolas Sarkozy. Il semble maintenant emprunter l'autre voix. Cette stratégie ne lui ressemble pas. Ou alors on le connaissait mal.

25 novembre 2016

J'ai regardé le dernier débat de cette primaire… Et le premier de l'ère post-Sarkozy, avec ce constat qui saute aux yeux : la droite sans Nicolas Sarkozy, c'est moins divertissant, mais c'est quand même plus sérieux et plus apaisé ; un peu techno peut-être. J'ai regardé le débat hier soir ici avec Nicolas Demorand et je lui emprunte ce mot : « C'était la techno parade ! » *Techno* pour technocratie bien sûr. En même temps on ne peut pas reprocher un jour aux politiques l'emporte-pièce, le slogan facile, la provocation clivante et, le lendemain, quand ils débattent sérieusement, avec des arguments rationnels et chiffrés, critiquer leur ton ennuyeux. D'autant que sur le fond ce débat était intéressant, notamment sur le financement de la protection sociale, sur la faisabilité des plans drastiques de réduction du nombre de fonctionnaires. On a bien vu la différence d'approche des deux hommes sur la façon dont il faut s'y prendre pour réformer. Un peu à la hussarde dans les premiers mois de sa présidence pour François Fillon, ce qui donnerait un coup de grâce à la démocratie sociale, il est vrai déjà moribonde, au moins au niveau national. Sauver les apparences de la démocratie sociale semble être en revanche l'ambition d'un Alain Juppé plus soucieux de ne pas trop fracturer une société fragile, plus attentif aussi à la faisabilité de ce qu'il avance.

Sur les questions de société, la différence entre les deux hommes n'a pas fourni le clash annoncé... François Fillon a pu confirmer, par exemple, qu'il ne toucherait pas à la législation sur l'avortement et n'a pas du tout mis (comme certains pouvaient le croire) sa foi en avant. Même la réforme de l'adoption plénière par les couples homosexuels semble déjà enterrée, puisque lorsqu'il lui a été fait remarquer que ce serait inconstitutionnel, il en a convenu. François Fillon a même eu cette phrase... une position que l'on n'entendait plus à droite depuis longtemps, tant la pression du thème sécuritaire imposée par Nicolas Sarkozy était forte, François Fillon a donc dit ceci : « Le problème de la délinquance des mineurs c'est la prévention ! » « Prévention », un mot redécouvert par la droite hier ! Hier, l'économie primait sur le sécuritaire et surtout l'identitaire ! Et c'est un changement notable. Cela ne veut pas dire que François Fillon ou Alain Juppé ont abandonné ces thèmes mais qu'ils ont regardé de près qui avait voté dimanche dernier : les classes moyennes, informées et éduquées, une droite plutôt bourgeoise, conservatrice mais qui ne supporte pas que l'on surutilise les thèmes fétiches de l'extrême droite. Ce que l'on appelle la droite populaire a dédaigné les primaires. Pour l'instant donc, les deux finalistes sont parfaits pour les 4 millions d'électeurs de ce scrutin très particulier... Mais ils n'ont pas encore trouvé un discours, une vision globale, un cap un tant soit peu enthousiasmant (en tout cas on ne l'a pas vu hier) propre à capter l'attention et l'intérêt, puis l'adhésion d'une large partie de la population, en décrochage complet avec la politique et en défiance totale avec le classicisme, au moins formel, tel qu'affiché lors de ce débat.

28 novembre 2015

François Fillon écrase le match lors d'une primaire qui s'institutionnalise...

La primaire va, à n'en pas douter, devenir un codicille non écrit ajouté à la Constitution, au moins pour les partis de gouvernement. À partir du moment où même la droite, qui en France était habituée au culte du chef, reconnaît que le chef ne s'impose pas par l'évidence de sa puissance mais par une élection démocratique, à partir du moment où les électeurs de droite décident, à la surprise générale, de ne pas choisir le chef du parti, le plus autoritaire, ni le plus évident, le plus populaire, le principe de la primaire s'ancre pour longtemps... et il manquera certainement quelque chose, une patine démocratique, à ceux qui, dans d'autres partis, se sont imposés en surjouant l'homme ou la femme providentiel(le), au culot ou/ et par héritage. À l'issue du premier tour de la primaire, on pouvait encore croire que le score de François Fillon n'était que l'addition du rejet de Nicolas Sarkozy par les modérés et du refus d'Alain Juppé par le cœur de la droite. Le score et la participation du second tour montrent qu'il s'agit d'un vote d'adhésion. La primaire n'est pas seulement une sélection de candidat, c'est aussi la définition d'une ligne politique. François Fillon doit maintenant rassembler autour de sa ligne qui est centrale (sinon centriste) et clairement définie (sinon encore précise).

Ça fait donc un très bon candidat pour la droite ! Fillon est maintenant un candidat solide qui n'a plus (à un éventuel Bayrou près) qu'à s'occuper de ses adversaires : la gauche et l'extrême droite. Mais attention, les plus de 4 millions d'électeurs qui ont choisi un homme et une ligne sont-ils raccord avec l'ensemble des électeurs (16 ou 17 millions) que le candidat va devoir rassembler pour gagner la présidentielle ? Le programme, conservateur sur les sujets de société, et libéral, en forme de purge, sur les questions économiques, a plu à un électorat de la primaire, plus âgé et plus aisé que l'électorat tout court, beaucoup plus populaire. La population qui s'est déplacée à la primaire, d'après les premiers constats des élus eux-mêmes, ne sera pas la plus directement concernée par les mesures drastiques que propose François Fillon en matière sociale et de santé. Va-t-il s'adoucir pour rassembler ou va-t-il utiliser l'énergie de la radicalité de ses propositions pour continuer son chemin ? L'exemple Trump (même si ni les hommes ni leurs programmes ne sont comparables) peut inciter François Fillon à persévérer dans le tranchant et ses promesses de bouleversement du modèle social. Un autre indice suggère le contraire. Il y a quelques semaines, François Fillon exprimait, en privé, son étonnement devant la stratégie d'Alain Juppé. Il estimait que le maire de Bordeaux, avec sa ligne modérée, brûlait les étapes et faisait une campagne de premier tour de la présidentielle, pas d'une primaire. Est-ce à dire que François Fillon va maintenant s'ouvrir et amender un programme taillé plus pour séduire l'électorat de la primaire que 50 % des Français ? Pour le savoir, il faudra, de toute façon, attendre de voir qui (et avec quelle ligne) sortira de la primaire socialiste... Et aussi dans quel état !

Là, avouons-le, je me trompe sur un point essentiel : « Fillon est un très bon candidat pour la droite ! » Mais « en même temps » en observant de plus près la nature de l'assiette électorale de cette primaire, on commence à percevoir le biais sociologique que comporte ce processus. La primaire ne va donc certainement pas s'institutionnaliser. En cette fin novembre 2016 on n'en a pas encore pris pleinement la mesure, il faudra attendre le désastre de la primaire de la dite Belle Alliance populaire (donc du PS) pour s'apercevoir que ce système qui paraît plus démocratique, puisqu'il implique une part importante de l'électorat au regard de ce que serait une désignation de candidat à la présidentielle, est en réalité un vaste trompe-l'œil. Seules les « bourgeoisies » des deux camps se mobilisent pour désigner un présidentiable à leur convenance et accroissent ainsi la « fracture peuple/élite ».

30 novembre 2016

Ce matin… quelques doutes sur les vertus démocratiques de la primaire.

La primaire ouverte devient, à l'évidence, un instrument indispensable pour à la fois régler la question du leadership, qui se pose dans tous les grands partis de gouvernement, et trancher les lignes politiques. Ce sont les socialistes qui avaient inauguré, en 2011, ce principe. La droite vient, de façon encore plus éclatante, de prouver que la primaire ouverte permet un vrai débat. Mais maintenant que l'on a le recul sur deux primaires réussies, un constat s'impose : cet exercice ne permet pas de reconnecter la partie la plus populaire et la plus jeune de la population avec la politique. Les électeurs de ces deux primaires se sont avérés être, en réalité, assez typés sociologiquement. Ce sont, en ville ou dans les zones rurales, des catégories de la population bien plus aisées et âgées que la moyenne nationale, qui se sont déplacées. C'est quand même un comble qu'un procédé comme la primaire, censé moderniser et rapprocher la politique des citoyens, aboutisse à finalement accentuer l'emprise des plus intégrés (des plus inclus, comme diraient à la fois Patrick Buisson et Emmanuel Macron) sur la désignation des candidats, et surtout sur le choix de la ligne politique à proposer au pays. Si l'on y réfléchit bien, les efforts (justifiés ou non, ce n'est pas le propos) que demande François Fillon aux Français ont été approuvés, via la primaire, par une population qui n'aura pas à les fournir… en matière fiscale, sociale ou de santé, par exemple. Les maires – de Tourcoing et du Havre, deux villes populaires – que nous avons reçus lundi avaient bien perçu et exprimé ces soucis démocratiques.

Et pas seulement parce qu'ils représentent deux candidats défaits.

La première primaire ouverte de la gauche, il y a cinq ans, avait aussi produit ce biais sociologique. Dans le département plutôt aisé des Hauts-de-Seine, il y avait eu, en 2011, une moyenne de 512 votants par bureau de vote, alors qu'en Seine-Saint-Denis, département le plus populaire de France, ils n'étaient que 270 par bureau. Les deux premières primaires ouvertes sont, en réalité (malgré la forte participation), des relatifs échecs populaires et surtout des moments générateurs d'illusion d'optique sur le véritable état de l'opinion. Alors l'une des explications peut être que les débats internes à un camp sont forcément moins caricaturaux, moins tranchés, plus subtils et demandent, pour s'y intéresser vraiment, d'avoir un rapport à la politique déjà bien établi ! L'autre explication serait que ni le PS ni LR ne proposent des programmes qui parlent et conviennent aux catégories les plus populaires et qu'il faut, pour retrouver le lien avec le pays profond, passer soit par les extrêmes, soit, comme Emmanuel Macron, par une démarche agressivement transgressive à l'encontre du vieux monde partidaire. Le fait qu'une primaire ouverte et populaire aboutisse à ce que les hommes clés et neufs du parti qui pourrait prendre le pouvoir en 2017 soient Bernard Accoyer et Gérard Larcher vient confirmer de façon caricaturale ce sentiment que l'exercice de la primaire n'est pas encore tout à fait au point.

19 décembre 2016

Le processus de la primaire ne contient-il pas quelques vices cachés ?

Dans cette ambiance politique de défiance envers les appareils et les élus, la primaire la plus ouverte possible pouvait ressembler à une réponse pertinente. D'ailleurs les fortes participations, en 2011 pour les socialistes et cette année pour la droite, semblent institutionnaliser le processus en un alinéa non écrit à l'article 4 de la Constitution, celui qui définit le rôle des partis politiques. La primaire devient aussi indispensable pour les deux grands partis dits de gouvernement, parce que, avec un FN avoisinant les 30 %, la qualification pour le second tour de la présidentielle est impossible sans système de présélection en amont. La primaire s'impose donc comme une séquence nécessaire et démocratique. Mais en occupant plusieurs mois de la précampagne, elle agit, en fait, comme un avant premier tour avec quelques effets pervers. François Fillon, pour gagner, aura fait une campagne qui ne peut pas continuer sur les mêmes thèmes ou avec les mêmes propositions. Alain Juppé, lui (et ce fut sa faute tactique, ou un risque assumé), avait fait une campagne déjà présidentielle. Il s'adressait à une très large part de l'opinion, avec l'idée que, pour battre le FN ensuite, il fallait rassembler au-delà de son camp. Puisque c'était ce qu'il comptait faire en avril et mai 2017, autant le dire tout de suite, pendant la primaire. Eh bien non. Cette cohérence politique fut une impasse tactique. Et c'est François Fillon qui a su s'adresser à l'électorat spécifique de la primaire.

Mais maintenant il doit changer de discours pour s'adresser à un électorat beaucoup plus large… Un électorat, surtout, aux aspirations bien plus diverses que celui de la primaire… Et, c'est un comble, il va devoir sans doute tenir un discours proche de celui que tenait Alain Juppé ! L'électorat de la primaire de la droite n'est pas la droite en petit, c'est une droite très spécifique, plus âgée et plus aisée. Il doit maintenant rassembler au-delà de son camp et se couvrir au centre où Emmanuel Macron s'installe solidement. François Fillon entre donc dans une période de mutation obligatoire qui le rend vulnérable. C'est pour ça qu'il est la cible de tous. Il change de discours, sur la réforme du modèle social et, certainement dans les prochaines semaines, sur le nombre de postes de fonctionnaires à supprimer. Il tentera de masquer ces virages en disant qu'on avait caricaturé ses positions. C'est classique. Dans sa situation, deux nécessités politiques contradictoires s'affrontent : rassembler donc pondérer et apparaître inconstant ou rester sur sa ligne avec le risque de ne pas plaire au-delà de son électorat de novembre dernier. Rassembler et rester constant sont deux attitudes vertueuses mais visiblement incompatibles. Il faudra bien que François Fillon en privilégie une et, c'est la loi du genre, on ne retiendra pas la vertu de la solution choisie mais plutôt le vice que constitue le fait d'avoir abandonné la seconde ! Mécanique infernale... Il se pourrait bien qu'on s'aperçoive, à l'usage, que la primaire est une fausse bonne idée pour rapprocher les politiques des citoyens...

Premier accroc conceptuel de François Fillon. Où l'on s'aperçoit a posteriori que même avant les affaires il s'avérait être, finalement, un candidat désastreux.

6 janvier 2017

Mardi soir François Fillon a justifié sa politique sociale en affirmant qu'il était « chrétien ». Cette autoqualification a choqué les plus laïques mais aussi de nombreux chrétiens attachés à la tradition française, en politique, de ne pas mettre sa foi en avant. Ce n'est pas une gaffe ou un propos spontané. François Fillon avait décidé de s'affirmer « chrétien ». Reprenons sa formulation exacte : « Je suis gaulliste social, et de surcroît chrétien. » L'idée c'était de sortir du piège dans lequel il s'était mis lui-même lorsqu'il a proposé de réformer la Sécurité sociale en distinguant les petits et gros risques. L'image du casseur de solidarité et de brutal-social commençait à lui coller à la peau. En se disant « chrétien », François Fillon voulait souligner qu'il ne pouvait viscéralement pas être homme à négliger les plus faibles. C'était donc un terme adoucissant. Mais en reculant sur cette histoire de déremboursement des petits risques, il pouvait aussi perdre en constance et fermeté, deux traits de caractère qui avaient fait son succès lors de la primaire. Il fallait donc un petit coup compensateur pour sa droite. Et « chrétien », ça a une résonance identitaire, efficace pour l'électorat conservateur. À droite, on est social parce que chrétien, à la rigueur gaulliste, pas parce que l'on cède à la gauche, ou aux syndicats. Donc, « chrétien » est un terme tactique double lame, adoucissant social, mais qui ne gauchit pas l'image, ce qui est essentiel pour aborder le premier tour.

Mais il s'agit bien quand même d'un coup de canif dans la tradition laïque du débat en France. François Fillon prend là une lourde responsabilité ! Car, ces dernières décennies, les chrétiens de gauche (comme Jacques Delors par exemple) ou du centre droit (comme Jacques Barrot), ou avant comme le général de Gaulle, n'évoquaient jamais leurs convictions religieuses pour justifier leur action. Par respect de l'esprit laïc, et puis parce que être chrétien ne dit rien de ce que l'on peut penser en politique. Être chrétien peut renvoyer à la tradition de la bienfaisance et de la charité plutôt qu'à celle de la République sociale. Ou le contraire. De toute façon, il y aura toujours une bonne âme pour reprocher à celui qui s'affirme « chrétien » d'être un mauvais chrétien. Les anti-avortement vont reprocher à François Fillon de ne pas proposer de réformer ce droit. Les évêques de France pourraient lui reprocher de mener une politique d'accueil des migrants trop restrictive par rapport à ce que préconise le pape. Ceux qui ont été au catéchisme connaissent la formule culpabilisatrice : « Chrétien le dimanche, crétin la semaine ! » Et puis il suffit d'imaginer l'argument de François Fillon qui, donc, dit en substance : « Rassurez-vous je suis chrétien », appliqué à la politique de santé, à l'éducation, aux mœurs, ou même à la diplomatie, pour en comprendre la portée explosive et même inacceptable. Faites par exemple l'exercice avec : « Rassurez-vous je suis juif – ou musulman », et imaginez les débats qui s'ensuivraient ! François Fillon, qui s'est si souvent insurgé contre les excès du communautarisme, est pris la main dans le sac communautariste. Toutes les armes rhétoriques ne sont pas bonnes quand il s'agit de sortir d'une mauvaise passe.

Et *Le Canard enchaîné* parut…

2 février 2017

François Fillon peut-il tenir ? En réalité, il ne tient déjà plus. Sa campagne est au point mort. Plus personne, ni dans son camp, ni dans la presse, ni dans les conversations des Français, ne parle de ses propositions. L'actualité liée à François Fillon n'est faite que de révélations et commentaires sur ces révélations. Donc la question n'est pas « peut-il tenir ? » mais plutôt « peut-il revenir ? »

parce que dans les faits – en ce moment – François Fillon n'est plus candidat. Donc, peut-il revenir ? On verra, la remontée des secrétaires départementaux de LR auprès des responsables nationaux du parti est désastreuse et alarmiste. Ils sont furieux de ce gâchis après une si belle primaire qu'ils avaient bien organisée ! Pour l'heure, malgré le soutien de façade des cadres du parti, destiné à gagner du temps, la question est la suivante : devant le déni manifeste dont fait preuve François Fillon, qui va lui parler ? Qui va oser lui dire : « Il faut que tu t'arrêtes. » Et si, au bout du compte, il tenait bon, si le flot des révélations, des commentaires et des indignations se tarissait, pourrait-il simplement rattraper le temps perdu ? Parce qu'à dix semaines du premier tour chaque jour compte. Maintenant l'offre de candidats (à un Bayrou près) est complète. François Fillon a prononcé dimanche dernier son grand discours qui devait être l'équivalent de la porte de Versailles de Sarkozy 2007 et du Bourget de Hollande 2012. Ces deux discours avaient été des événements fondateurs de leur victoire. Pour François Fillon ce fut – comment pouvait-il en être autrement – un flop.

Pour qu'il puisse revenir il faudrait que sa stratégie de victimisation fonctionne.

Des journalistes qui travaillent depuis des semaines sur ce sujet et des juges rapides (d'ailleurs aussi à la demande de François Fillon) ça devient un complot. Bien sûr ça ne tient pas. Seulement dans l'atmosphère de suspicion générale cet argument parfois fonctionne. Ce fut le cas pour Donald Trump. Mais là, il y avait une cohérence à venir de l'extérieur du système politique pour le dénoncer. Pour François Fillon, politicien professionnel depuis ses 26 ans, ça sera plus difficile. L'argument du coup d'État institutionnel risque de ne pas peser face aux faits, aux chiffres, d'une simplicité biblique, que François Fillon, d'ailleurs, ne conteste pas. Les parlementaires qui nous parlent (off !) sont pessimistes et déjà dans le comparatif des différents plans B. Les proches de Juppé lui font savoir qu'ils sont prêts à reprendre du service pour lui. Mais est-ce que le plan B peut être un des perdants de la primaire ? Oui, répondent-ils, puisque si les électeurs de novembre avaient su, alors le résultat n'aurait pas été le même ! Il est possible aussi que LR décide de sauter une génération. Plusieurs personnalités sont citées par les parlementaires : Xavier Bertrand, Valérie Pécresse et Laurent Wauquiez, et surtout François Baroin. Mais au fond, maintenant, est-ce encore une question de candidat. N'est-ce pas plutôt le programme de LR, lui-même, largement composé de réduction de la dépense publique, de lutte contre ce qu'ils appellent l'assistanat, qui est piégé. Le cas Fillon n'est sans doute déjà plus le principal problème de la droite.

Comment traiter l'affaire Fillon dans le cadre d'un éditorial ? La question m'entêtait et je retardais le moment de consacrer une chronique à ce sujet, attendant une pause dans les informations, toutes plus compromettantes les unes que les autres, qui tombaient en rafale. Une pause pour tirer à (presque) froid des premiers enseignements. Bien sûr, je trouvais scandaleux que l'ancien Premier ministre ait, à ce point, abusé des subsides publics pour se constituer un complément de revenu depuis tant d'années, en faisant croire que son épouse était aussi son attachée parlementaire (nous n'en étions qu'au début des révélations). Les faits étaient simples à comprendre et donc parfaitement accablants. Je trouvais assez sain que cette affaire éclate avant les élections pour que les Français sachent à qui ils avaient affaire… Mais pour un éditorialiste d'une radio généraliste je trouvais aussi qu'il était assez vain, et même déplacé, de qualifier ces pratiques à la place des auditeurs, qui avaient toutes les informations pour se forger un jugement par eux-mêmes. Il y avait une évidence. Chacun pouvait le voir ou refuser de le voir, je ne voulais pas apparaître comme donneur de leçon et en rajouter alors que tous nos journaux ouvraient par les nouvelles révélations de ce feuilleton. Il y a un tic d'éditorialistes-sachants que je voulais éviter à tout prix, c'est l'édito « que faut-il en penser ? » s'agissant d'un fait sur lequel chacun est autant armé qu'un autre pour se forger une opinion. Chaque français avait sur ces sujets les mêmes infos que moi. Pourquoi allais-je leur dire ce qu'il fallait en penser ? J'essaie plutôt, dans mes éditos, autant que faire se peut, de regarder les événements sous un autre angle, de souligner un aspect, un détail révélateur de quelque chose qui n'aura pas été vu et qui peut apporter à la compréhension du monde politique. Ce jour-là, plutôt que d'adopter la posture évidente de l'indigné je préférais souligner quelques paradoxes… réfléchir et faire partager ma réflexion.

15 février 2017

Ce matin, l'affaire Penelope Fillon et la défense destructrice du candidat LR...

Oui, une défense qui est sans doute d'abord une réaction humaine (après tout le couple Fillon est harcelé et ce doit être très dur à vivre) mais c'est une défense qui est désastreuse d'un point de vue politique. Et pas seulement pour François Fillon lui-même. Il se dit lynché. On peut comprendre ce sentiment de la part d'un candidat qui n'arrive plus à faire campagne, qui ne peut plus développer ses idées de rigueur budgétaire sans se voir renvoyer les libertés qu'il a prises avec l'argent public. Sa défense sous le sceau si pratique de l'antisystème salit tout le monde – ceux qui révèlent et enquêtent – sans distinction et ne peut, finalement, profiter (c'est un comble) qu'au plus dangereux concurrent de François Fillon : le FN. À écouter le candidat et ses soutiens, la justice serait instrumentalisée, et beaucoup trop rapide pour être honnête. Le parquet financier, créé dans la foulée de l'affaire Cahuzac, ne serait pas compétent. Il y aurait donc un traquenard politique. Et bien sûr, la presse complice se livrerait à un procès à charge. Tout cela, d'après les fillonistes, pour une seule raison (les conspirations ont toutes un but caché) : le programme. Le programme du candidat de la droite dérangerait trop de monde, remettrait en cause le fameux système ! Et ce système se défendrait en tentant de torpiller une campagne trop audacieuse ! Ce discours, qui dénonce une collusion politico-médiatique, est un discours victimaire et conspirationniste qui emprunte aux extrêmes. Marine Le Pen, par exemple, dit de la même façon que, si l'Europe lui réclame l'argent de ses assistants indûment utilisés par elle pour faire fonctionner son parti plutôt que pour effectuer un travail parlementaire, c'est bien sûr parce qu'elle remet en cause l'Union ! En se défendant de la sorte, François Fillon valide la vision d'un système tout-puissant autoreproducteur, fantasmé, alors même que cette affaire serait plutôt le signe de l'inverse.

Elle démontre plutôt que l'idée du système censé se protéger lui-même est largement une construction. C'est en réalité la preuve (comme ce fut le cas pour l'affaire Cahuzac) que le système (si système il y a) fonctionne (sur ces questions au moins) plutôt démocratiquement... en tout cas de plus en plus démocratiquement. Ainsi, il comporte des contre-pouvoirs, des anticorps efficaces qui agissent contre ses propres rouages, contre les puissants quels qu'ils soient, ancien Premier ministre (donc un chef du système) promis à l'Élysée ou un ministre du Budget en exercice (Cahuzac). C'est, en fait, non pas le signe d'un système pourri mais celui d'un système qui, enfin, ne tolère plus la voracité du pouvoir et ses abus. C'est donc le signe d'une meilleure vitalité démocratique. Le paradoxe est là. Plus les contre-pouvoirs fonctionnent, plus ils dénichent les turpitudes de nos dirigeants et de ceux qui aspirent à gouverner, et plus l'impression du tous pourris progresse et renforce ceux qui veulent abattre le système, justement au moment où il commence à faire la preuve d'une certaine efficacité démocratique. François Fillon a pris la responsabilité de choisir un axe de défense qui accentue cette spirale destructrice.

Les invités LR que nous recevions à la matinale nous expliquaient tous (hors micro) que mener campagne sur le terrain était devenu un chemin de croix. Chacun espérait que l'un des leurs aurait assez de courage et d'autorité pour prendre le candidat à part et lui dire clairement, nettement, fermement qu'il fallait qu'il se retire. À ma connaissance personne n'aura eu cette attitude seul à seul. « Il faut l'enfermer dans une pièce jusqu'à ce qu'il pige, qu'il cède, il nous précipite tous vers l'échec collectif », me dit même un invité, ancien ministre de Nicolas Sarkozy, dans l'ascenseur de la Maison de la radio après avoir répondu aux questions de Léa Salamé. Celui-là le soutiendra officiellement jusqu'au bout... Pour ma part, au début du mois de mars, fort de confidences de leaders LR, il me paraissait évident que François Fillon céderait. Je me trompais.

3 mars 2017

Alain Juppé se prépare à remplacer François Fillon.

C'est sans doute trop tard, c'est certainement désespéré, mais du côté des juppéistes, la machine est lancée. Les plus proches soutiens d'Alain Juppé qui avaient rejoint François Fillon dans le cadre du rassemblement, et à qui le candidat victorieux avait confié des rôles clés dans l'organisation, la logistique et le financement de sa campagne, ont fait défection hier. C'est un coup très dur pour Fillon parce qu'il a toujours régné, jusqu'ici, entre Juppé et lui une grande confiance. Ce matin la campagne du candidat LR est amputée, bien sûr politiquement mais aussi d'une partie essentielle de sa structure organisationnelle. Les juppéistes, comme les partisans de Bruno Le Maire, de Xavier Bertrand, comme les centristes, n'ont pas accepté le ton et le fond du discours complotiste, anti-juge de François Fillon. En off ils ont des mots très durs contre ce qu'ils considèrent comme une dérive qui signe un repli défensif incompatible avec ce que doit incarner un futur président, futur garant des institutions. Et surtout ils jugent que cette stratégie est perdante et destructrice pour la suite, les législatives et la survie de LR après les élections. L'organisation d'une manifestation de soutien d'un candidat aux prises avec la justice, sur ce thème, sera nécessairement une manifestation contre la justice... et ce n'est pas du goût des centristes et des juppéistes, qui y voient un risque de « trumpisation » du candidat Fillon. Le détail inacceptable pour plusieurs démissionnaires d'hier, révélateur d'une bunkerisation partisane et idéologique à l'œuvre, c'est la place laissée à l'association Sens commun et La Manif pour tous dans l'organisation de la manifestation du Trocadéro. En plus du problème judiciaire s'ajoute maintenant un problème de discours politique qui se radicalise en se barricadant. Alain Juppé a forcément approuvé les départs en masse de ses partisans et donc la préparation de son retour, au moins implicitement, par une sorte de « faites ce que vous croyez devoir faire », façon de Gaulle en avril-mai 1958.

La manifestation du Trocadéro peut-elle changer la donne ? François Fillon veut le croire. Là aussi, un vieux ressort gaullien est activé. L'appel au peuple. On se souvient de la déferlante dite antichienlit de juin 68, pour soutenir de Gaulle juste après son tonitruant « je ne me retirerai pas », après un mois d'insurrections étudiantes et de grève générale. Mais cette comparaison ne tient pas l'analyse. Elle est hors de propos et parfaitement présomptueuse. Soit c'est un bide, soit c'est un succès mais alors ce sera le succès d'un noyau militant gonflé des troupes les plus conservatrices de La Manif pour tous, trop contentes de pouvoir enfin peser de façon éclatante.

Une très grande partie de la droite modérée – elle existe encore ! – ne le supporterait pas. Les soutiens de Juppé ne risquent pas de trouver, dans cette manif, de quoi les dissuader d'organiser le retour de leur héros avant qu'il ne soit trop tard et qu'il devienne impossible, matériellement, de faire parvenir les 500 parrainages requis au Conseil constitutionnel. La droite, sans doute majoritaire dans le pays, est en train de s'effacer. Les électeurs de ce camp peuvent se sentir floués, volés... Pas par les juges, mais par François Fillon lui-même, par la dévitalisation de son programme et la radicalisation de son discours que son obstination entraîne.

Chaque candidat veut retrouver l'assentiment du peuple qui déserte le débat public, et même doit abhorrer tout ce qui se réclame de la politique. La meilleure façon de retrouver le peuple c'est ainsi de se référer à la dernière grande expérience politique populaire et transpartisane française : le gaullisme. Presque cinquante ans après le retour du Général au pouvoir, de Gaulle était, semble-t-il, candidat à nouveau à cette présidentielle. Il était là, dans le phrasé sentencieux et grandiloquent de Jean-Luc Mélenchon, dans la prétention rassembleuse, au-delà des clivages, d'Emmanuel Macron, dans le souverainisme populaire de Marine Le Pen et de Nicolas Dupont-Aignan... et dans les références – douteuses – de François Fillon.

7 mars 2017

L'incessante référence au général de Gaulle par François Fillon.

François Fillon a fini par mettre l'appareil LR au pas. S'il n'est plus contesté, c'est parce qu'il a su installer une dramatisation toute gaullienne. C'était gonflé mais ça a marché ! C'est en vertu d'un héritage gaullien revendiqué, et même rabâché, que François Fillon se drapant dans sa superbe solitude au sommet, en lien direct avec la base, a cloué le bec aux détracteurs de son camp. Le gaullisme c'est, selon le célèbre mot de Malraux, « le métro à 6 heures du soir ». Mais le public du Trocadéro dimanche, c'était surtout les stations Auteuil-Neuilly-Passy. Le gaullisme c'est le courage, l'obstination d'un homme isolé au sein de l'élite pervertie, le refus du régime des partis, le sens de l'État. Le gaullisme est devenu, au fil du temps, une grande malle à accessoires et déguisements d'époque qui permet aux politiciens d'aujourd'hui de singer la grandeur. Grossir l'enjeu, mettre la survie de la France sur la table, justifie un appel du 18 Juin par semaine en ce moment ! Des militants, des sympathisants y ont été sensibles ; le peuple en général, c'est beaucoup moins sûr… Mais chaque chose en son temps.

C'est quand même pratique le gaullisme ! Ça sert pour à peu près toutes les situations de crise, même pour convenance personnelle ! Il suffit de dramatiser à outrance, de transformer un ennui judiciaire en menace pour le pays ! François Fillon traverse une crise qui lui est propre, dont il est le seul responsable, et il se défend comme s'il défendait l'honneur et la liberté de la nation ! Il confond le 1er mars, date de son appel à manifester contre sa mise en examen, avec le 18 juin 1940 ! François Fillon arrive à transformer alors le Penelopegate en péril national… Il décrit la France comme un vaste champ de ruines, au bord de la guerre civile à cause d'un nouveau traître de l'intérieur : le « socialo-centrisme ». Les juges, la presse, les socialo-centristes voudraient empêcher François Fillon de sauver la France ! L'appel au peuple, pratiqué pour mobiliser ses sympathisants, n'empruntait pas seulement au gaullisme mais à toute la vulgate de la droite bonapartiste. « L'Appel au peuple », c'était d'ailleurs le nom du parti bonapartiste à la fin du XIXe siècle. Le Trocadéro, cette marée de drapeaux, ces références à la vraie France, c'était ce vieux couple à trois de la droite française : un homme, le peuple et le pays, contre le « politiquement correct » mondialisé et les traîtres. Charles Beigbeder, nouveau grognard du fillonisme bunkerisé, pouvait parler de son héros comme du candidat qui se dresse, je le cite, contre « l'illusion multiculturelle ». Nous n'étions plus dans le gaullisme populaire, mais bien dans un conservatisme appuyé. C'est aussi ce qu'a dénoncé Alain Juppé lors de sa déclaration de non-candidature (en invoquant – je vous disais que le gaullisme sert à tout ! – aussi le gaullisme). En réalité, le maintien de François Fillon engendre un repli idéologique, une pensée d'assiégé plus qu'un rassemblement gaullien. Si la référence au gaullisme a fonctionné pour les sympathisants, il n'est pas sûr que lors de sa mise en examen, dans une semaine, François Fillon convainque une majorité de Français de la nature gaullienne de sa situation… Parce que : « Qui imagine le général de Gaulle, etc. »

Et à la fin c'est un modéré qui gagne. Depuis la chute d'Alain Juppé les modérés de droite sont orphelins. Début mars, la victoire d'Emmanuel Macron se dessine. On n'imagine pas encore que le nouveau président nommera un juppéiste à Matignon.

10 mars 2017

Ce matin, les états d'âme du centre droit…

Alors que la France est gouvernée le plus souvent au centre droit, il n'y a pas, dans l'histoire politique, de grands leaders charismatiques de ce courant. Le centre droit c'est assez rasoir. C'est raisonnable, pragmatique, ça arrondit les angles. En économie ça gère en bon père de famille, sur les questions de société ça finit par accepter les progrès sans jamais les initier… il n'y a pas beaucoup d'adolescents (moi, je n'en connais pas en tout cas) pour vibrer à la lecture des discours de Jules Grévy ou de René Coty ou pour placarder dans leurs chambres des posters de Raymond Poincaré ou d'Albert Lebrun ! Seul Valéry Giscard d'Estaing, en 1974, avait suscité un semblant d'enthousiasme, auprès d'une jeunesse plutôt dorée, qui arborait d'audacieux T-shirts « Giscard à la barre ! ». Dans la glorieuse histoire du centre droit présidentiel, il y a eu aussi les crashs mémorables. Rassurants, les candidats étaient toujours promis, en début de campagne, à une victoire certaine : Alain Poher, Jean Lecanuet, Raymond Barre et dans une certaine mesure Édouard Balladur. Le cas Bayrou est à part puisque lors de ses trois tentatives il se situait au centre, strictement, surtout pas au centre droit.

Et donc pas de candidat de centre droit en 2017 !

Donné victorieux au début là encore, Alain Juppé n'a même pas passé le cap des primaires ! Et c'est un paradoxe parce que, si François Fillon gagne, malgré un programme et un discours bien à droite il a toutes les chances – au bout du compte – de gouverner de façon plus modérée… parce que, par la force des choses, les outrances qu'il faut avancer pour se faire élire avec notre système basé sur l'affrontement seront inopérantes quand il s'agira d'être le président de tous les Français. François Fillon est un gaulliste qui entend représenter la droite et le centre. Le problème c'est qu'il a gagné la primaire par la droite et que son opération de recentrage (qui de toute façon devait être assez discrète pour les raisons que nous venons d'évoquer…) s'est heurtée aux affaires. Pour ne pas décrocher, François Fillon se concentre sur son noyau électoral de base… il se radicalise et utilise le registre, très sécuritaire, voire identitaire, qu'il reprochait à Nicolas Sarkozy en novembre. Les élus de centre droit, eux (contrairement à leurs électeurs), ne doutent pas. L'UDI s'était insurgée contre le système de défense choisi par François Fillon la semaine dernière. Comme ça n'a pas marché et que le candidat est toujours là, ils sont rentrés dans le rang contre des circonscriptions. Donc, pas de candidats de centre droit. Il y aura – en plus de François Fillon – deux souverainistes de droite et d'extrême droite (Nicolas Dupont-Aignan et Marine Le Pen). Quelque part à droite de la droite, nous aurons aussi peut-être un conspirationniste avec François Asselineau, qui est sur le point d'avoir ses parrainages. L'électeur de centre droit est donc dans l'expectative : va-t-il rejoindre Emmanuel Macron qu'une partie de la gauche traite d'ailleurs de candidat de droite ? Ce dernier lui a fait de l'œil, hier soir à Bordeaux, en disant tout le bien qu'il pense d'Alain Juppé. C'est de cet électeur clé, donc, que dépendent la survie de la dynamique d'Emmanuel Macron ou le possible rebond de François Fillon...

Pendant ce temps-là François Fillon s'entête dans une défense faite de déni... et de supériorité. En réalité, derrière l'arrogance apparente, on l'apprendra après, François Fillon était sonné.

14 mars 2017

Ce matin je reviens sur la réponse de François Fillon à nos confrères d'Europe 1 qui l'interrogeaient sur ses onéreux costumes reçus en cadeau...

La réponse fut : « Et alors ! » « Et alors », une interjection qui vient percuter, de façon on ne peut plus éclatante, la proposition qu'il fera quelques heures plus tard en présentant son programme : établir un code de bonne conduite pour les parlementaires en matière de transparence. C'est depuis plusieurs semaines toute l'histoire dramatique de la campagne de François Fillon. Tout ce que l'on apprend contredit ce qu'il dit et donc démonétise son discours. « On a encore le droit de recevoir des cadeaux et non, je ne vous dirai pas qui est le généreux bienfaiteur », dit-il en substance, l'air de ne pas comprendre où était le problème. De quoi provoquer des réactions ambivalentes parce que, c'est vrai, cette visite de la garde-robe d'un candidat a quelque chose de déplacé. La qualité des tissus et le prix des vêtements ne devraient pas être un élément du débat alors que le candidat fait des propositions fortes qui, si elles sont vraiment mises en œuvre, auront un impact sur la vie des Français, positif ou négatif... c'est ce qui devrait faire débat. Mais pourtant, non, cette histoire de costume n'est pas anodine. Ce

« et alors » révèle une sidérante ignorance de ce qui fait horreur aux citoyens et nourrit la défiance envers la politique et ses représentants. Un homme qui accepte de tels cadeaux… à de tels prix, et qui les accepte de personnalités dont il vaut mieux ne pas révéler l'identité, laisse penser qu'il peut être redevable d'un puissant, d'un intérêt privé. Charles de Courson, député centriste, resté fidèle à François Fillon, est le seul à critiquer ouvertement cette incroyable légèreté. Mais, hors micro, ce ne sont que des réactions affligées de la part des responsables LR. Quand vous êtes en situation d'avoir d'immenses pouvoirs (le président français est le chef d'État le plus puissant d'Europe), vous n'acceptez pas la possibilité d'être redevable, ni même d'apparaître redevable.

Ces affaires salissent au-delà du candidat lui-même. Les affaires, et le mode de défense sur le registre antisystème choisi par François Fillon, ont un effet délétère sur toute la campagne. Leur accumulation renforce le sentiment d'acharnement au sein du noyau dur de l'électorat de la droite, qui sent bien que son camp est majoritaire dans le pays, que le mouvement naturel du balancier démocratique après le quinquennat Hollande devait revenir à droite. Loin de mettre en cause son candidat, pourtant principal responsable de ce gâchis, le noyau dur filloniste, renforcé par la frange la plus radicale de la droite parlementaire, chauffé à blanc, se mure (l'ambiance des meetings en atteste) dans une attitude d'assiégé, nourrit un ressentiment croissant envers la justice, la presse, et fait croître le fantasmatique antisystème. La défense de type « tout le monde fait ça, pourquoi s'acharne-t-on sur François Fillon ? » est la plus corrosive. Parce que en réalité tout le monde ne fait pas ça ! Loin de là. Salir l'ensemble pour banaliser ce qui vous est reproché… voilà bien la pire des façons de servir la politique.

24 février 2017

Christine Angot face à François Fillon hier soir, il s'est passé quelque chose de rare… l'écrivaine a traité François Fillon de malhonnête et a fait part de son dégoût sans retenue. Sa parole très brute et directe était, dans le cadre d'un débat politique, face à un possible futur président, totalement déplacée et inconvenante. Déplacée et inconvenante au sens littéral de ces deux termes parce que généralement ils n'ont pas leur place dans le débat politique. Ils sortaient des standards habituels et furent source de grande violence mais aussi, certainement pour beaucoup de citoyens, atterrés depuis des semaines, source d'une certaine forme de soulagement. Soulagement qu'enfin les choses soient dites en face. L'inconvenance de l'écrivaine produisait, paradoxalement, un moment de vérité. Christine Angot n'a pas fait la morale… elle a traduit la sidération que provoquent les affaires Fillon. Le candidat, lui, opposait sa ligne de défense classique : il disait que les accusations sont fausses, que les services de l'État, Élysée en tête, ont monté cette machination… Il s'abritait derrière la présomption d'innocence. Ce qui est tout à fait normal mais le respect de la présomption d'innocence n'empêche ni la presse de mener son enquête ni la population de porter un jugement, non pas judiciaire mais personnel, politique.

Christine Angot ne s'est pas embarrassée de la présomption d'innocence.

Elle l'a souligné elle-même, à la fin de la séquence : ce qu'elle venait de faire ne peut pas être fait par un responsable politique, même un opposant (on l'a bien vu lors du débat), ni même par les journalistes. Les journalistes doivent livrer des faits, des analyses, même parfois des analyses orientées pour faire vivre la diversité des opinions, mais certainement pas sortir leurs tripes, étaler leur ressenti. Or, l'élection approche. Le scrutin aura lieu avant la conclusion du processus judiciaire, et donc, avant que François Fillon soit innocenté ou condamné. L'électeur, dès lors, se sent piégé ! Et il doit se débrouiller avec ce ressenti. Quiconque a été au bistro, à la cantine de son entreprise, a participé à des réunions de famille, discuté avec les clients et les commerçants en faisant son marché, ces derniers mois, a entendu exactement et partout ce que Christine Angot exprimait hier soir et qui n'est jamais formulé de la sorte dans les médias par les acteurs du débat public, parce que, heureusement, il y a des convenances élémentaires à respecter. On peut estimer que la violence et l'outrance du propos de l'écrivaine aideront François Fillon dont, justement, l'un des axes de défense est la victimisation. On peut aussi penser que cette parole brute trouvera – auprès d'un public dégoûté – un écho parce que Christine Angot aura su traduire en mots (et après tout c'est aussi le rôle de l'écrivain) des sentiments, des impressions que beaucoup ressentent. Nous avions là la vérité du ressenti qui accuse François Fillon face à la vérité d'une procédure judiciaire qui abîme son image par la mise en examen mais qui en même temps le protège temporairement via la présomption d'innocence et les délais de la justice. Ces deux vérités se sont fracassées l'une contre l'autre hier soir au cours de cet échange d'une intensité dramatique incroyable. Nul ne peut savoir quel en sera le résultat politique pour François Fillon.

Ce matin l'exercice est délicat, François Fillon est l'invité de la « complète jambon-fromage ». C'est le nom de code que nous avions donné, avec les programmateurs de la matinale, à ce format réservé aux « grands candidats ». Ils étaient invités de 7 à 9 heures, pour plusieurs plages d'interviews (seuls Marine Le Pen et Jean-Luc Mélenchon refuseront de venir). Ce jour-là l'invité est donc François Fillon et je dois faire ma chronique devant lui, m'adresser à lui. Comment, dans cette ambiance et sachant l'état psychologique de l'homme, chroniquer, être pertinent sans être blessant ou donneur de leçon ? Je choisis de traiter de la surface politique qui était la sienne à ce moment de la campagne, du fait de sa défense en forme de bunkerisation : considérablement réduite. Plus délicat encore, dans une seconde partie j'évoquais son rapport à la vérité. J'avais passé une partie de la nuit à peaufiner cet édito. Quand François Fillon est entré dans le studio, et lorsqu'il a commencé à répondre aux premières questions d'Alexandra Bensaïd et de Patrick Cohen sur le thème de l'économie, nous avons remarqué qu'une partie de lui-même n'était pas là. Ce n'était pas mon tour, j'avais tout le loisir de l'observer. Quelque chose dans son œil était résigné, absent. Nos regards se sont croisés plusieurs fois… j'y ai lu quelque chose comme : « Si vous saviez ce que j'endure… mais je ne vous ferai pas le plaisir de céder. »

6 avril 2017

Ce matin je m'intéresse à votre surface politique, monsieur Fillon… à vingt jours du premier tour.

La surface politique d'un candidat c'est, disons, l'espace, le spectre qu'il ouvre pour embrasser le plus de Français possible, impliquer la plus large partie de la population. Bien sûr, un candidat à la présidentielle qui compte parmi les favoris (c'est votre cas François Fillon) s'adresse – en théorie – à tout le monde, d'autant qu'héritier du gaullisme, vous savez bien que la présidentielle c'est – bien au-delà de ses partisans d'origine – la rencontre entre un homme, le peuple et des circonstances. Il faut donc voir large. Pendant la primaire, vous aviez bien vu le coup. D'ailleurs vous vous interrogiez sur Alain Juppé. Sa campagne était, selon vous, beaucoup trop ouverte à l'ensemble du spectre politique, alors que nous n'en étions qu'à la phase d'un vote partisan. Vous, vous aviez su incarner, pendant la primaire, les aspirations des vôtres, plutôt conservatrices sur les questions de société et libérales, réformistes, sur les sujets économiques. Ce qui correspondait à vos idées et à l'état d'esprit de la droite d'aujourd'hui. Une fois désigné, vous deviez, dans la logique de nos institutions donc, chercher cette alchimie rassembleuse, élargir votre base électorale, vous ouvrir, sans trahir l'esprit de votre programme et sa rectitude qui avait fait la solidité de votre succès à la primaire.

Puis il y a eu les révélations, les affaires. Et à partir du moment où vous avez décidé de rester en lice et de vous défendre comme vous le faites depuis janvier, eh bien la seconde phase, l'élargissement nécessaire, gaullien, a été impossible et votre surface politique, loin de s'élargir, s'est au contraire rétrécie ! Un noyau conservateur vous soutient mordicus et vous lui délivrez des messages à l'encontre de la pondération raisonnable qui vous était reconnue, au-delà de votre camp. Vous agitez des chiffons antisystème, vous tentez d'avoir l'air rebelle, victime d'un complot « médiatico-judiciaro-socialo-centriste ». Exactement le ton qu'avant vous reprochiez à Nicolas Sarkozy. Les modérés de votre camp ne font plus campagne et même vous dénigrent. Ça ne vous empêchera peut-être pas d'être élu mais pourrez-vous alors gouverner comme vous le souhaitiez ? Parce que souvenez-vous… votre truc, votre plus, c'était de proposer une méthode pour appliquer votre programme et en finir, enfin, avec l'impuissance publique, avec les mots forts et les actions faibles (à la manière de Sarkozy). Cette méthode passait par la franchise, un discours économique de vérité, assumé clairement AVANT l'élection ! Vous aviez théorisé cette stratégie de franchise et de rectitude antidémagogique. Et ça semblait possible parce que, disiez-vous, maintenant la France est prête ! Prête aux réformes, à la vérité. La vérité… Votre rapport à la vérité, justement. C'était votre force. Et c'est ce que votre stratégie de défense, celle que vous avez choisie, a le plus abîmé avec, comme conséquence, de vous éloigner dangereusement du gaullisme rassembleur que vous visiez et qui était, semble-t-il, largement demandé par le pays.

Juste après avoir prononcé ces mots, je levais mon regard vers le candidat. Il n'était pas censé répondre, Patrick me remerciait comme chaque matin et « lançait » la chronique de Dominique Seux. Dans le regard de Fillon, toujours la même détermination : « Je ne céderai pas »… Il ne céda pas, et précipita son camp vers la défaite impossible…

V

Jean-Luc Mélenchon et son monde parallèle

Entre Jean-Luc Mélenchon et nous, les journalistes en général (la matinale de France Inter en particulier), rien ne va plus. Un mélange de tactique antisystème, de victimisation calculée et de vraie paranoïa, je n'ai jamais su évaluer quelle était la proportion de ces ingrédients. Toujours est-il que Jean-Luc Mélenchon aura passé sa campagne à nous insulter, pas simplement en meeting, mais aussi personnellement par des SMS, sur nos portables, comme aucun autre politique ne l'a jamais fait, persuadé que nous étions (France Inter, *Libération*, *Le Monde* et Mediapart) ligués contre lui, à la solde de nos actionnaires privés ou publics, ou simplement sociaux-traîtres (pour ceux qui n'ont pas d'actionnaires).

En juin, juste avant les législatives le leader de La France insoumise s'explique dans le magazine *Society* : « Je les connais tous, un par un. Des sociaux-libéraux. La matinale de France Inter c'est une caricature : trois béni-oui-oui du "oui à l'Europe qui nous protège" avec Cohen, Legrand et Guetta. Pour un oui ou pour un non vous avez droit à une tartine beurrée à la gloire de la Commission européenne. Trois repentis de l'extrême gauche qui bourrent les crânes avec bonne conscience. » Ces mots qui traduisent une vision paranoïaque, acrimonieuse et mensongère sont d'une amabilité touchante au regard des SMS incendiaires et insultants que nous recevons de la part de Jean-Luc Mélenchon.

Jean-Luc Mélenchon en voulait « à mort » à Patrick Cohen d'avoir déniché, dans son programme, un passage dans lequel le candidat promettait que, lui président, la France adhérerait, symboliquement, à l'alliance bolivarienne. Cette promesse iconoclaste ainsi déterrée a eu le don d'exaspérer le chef de La France insoumise. Il voyait, dans cette révélation un peu moqueuse et révélatrice d'un tropisme sud-américain déplacé, un complot contre sa personne, une façon de ne pas parler de son programme et de lui chercher des poux dans la tête sur des détails ! Quant à son courroux contre moi, il venait d'un édito de mars 2015 dans lequel je m'étonnais de sa position poutinienne, après l'assassinat à Moscou de l'opposant Boris Nemtsov. Les organisations nationalistes russes (que Poutine avait l'habitude de laisser agir impunément, en plein centre de Moscou) étaient pointées du doigt par toutes les ONG de défense des droits de l'homme mais Jean-Luc Mélenchon avait cru bon de déclarer que la première victime de l'assassinat de Boris Nemtsov était le président russe ! J'avais simplement dit que la première victime de l'assassinat de Boris Nemtsov c'était... Boris Nemtsov, et qu'il était surprenant qu'un leader de la gauche française prête plus de crédit aux explications d'un pouvoir autoritaire qu'aux rapports des organisations de défense des droits de l'homme.

Peu importe, le leader de la France insoumise a fait une campagne éclatante, entraînant dans son sillage des centaines de milliers de jeunes qui s'étaient détournés de la politique, atteignant un score inespéré vu de cet automne 2016, au moment où La France insoumise est officiellement lancée.

17 octobre 2016

Jean-Luc Mélenchon a tenu sa convention, dite de La France insoumise, à Saint-André-Lez-Lille pour un exercice de géométrie politique complexe mais assez réussi : allier l'horizontalité et la verticalité. Et pour l'instant, ça marche. Parti tôt, sans se soucier, depuis la mort du Front de gauche, de reconstruire une alliance avec les communistes, Jean-Luc Mélenchon propose un programme destiné à réinstaller la contestation du système à gauche, alors que l'antisystème, depuis le milieu des années 90, est préempté par l'extrême droite. Cette préoccupation n'est pas nouvelle chez Mélenchon. Avec un beau score en 2012, 4 millions de voix, il s'était affirmé, sans pour autant être assez puissant pour bouleverser le rapport de force interne à la gauche ou effrayer le « système » comme le FN. Là, il est en meilleure posture. La gauche a gouverné, a déçu et, en plus de l'avantage que Jean-Luc Mélenchon peut tirer de cette situation, il s'est construit une organisation efficace qui arrive à résoudre (pour l'instant) une contradiction au cœur de sa proposition. La personnalité très typée, le caractère entier du personnage, le classe dans la logique (verticale) de nos institutions très personnalistes. Il se présente, même s'il s'en défend, comme l'homme providentiel de la gauche, sans passer par des primaires, sans faire appel à la démocratie horizontale qu'il promeut par ailleurs. Et c'est vrai qu'en même temps il a mis en place un système moderne et imaginatif de démocratie participative pour élaborer son programme. Les deux tiers des membres de la convention réunis hier étaient tirés au sort parmi les 130 000 personnes inscrites sur sa plateforme JLM2017.fr.

Ce système du tirage au sort, dans certains cas, est l'un des éléments les plus prometteurs, parmi les instruments de l'horizontalité démocratique, pour revivifier la politique, en ces temps de défiance généralisée. Alors est-ce que ce système a été utilisé pour marquer du sceau de la modernité un programme élaboré, pour l'essentiel, par le candidat et son entourage ? Toujours est-il que certaines idées, notamment dans le domaine de l'écologie, sont issues de la plateforme. Cette méthode est cohérente avec la volonté réaffirmée de Jean-Luc Mélenchon de proposer une Constituante populaire s'il était élu. La séparation d'avec les communistes clarifie aussi son discours sur la planification écologique. Thème secondaire en 2012, mis en avant aujourd'hui. Mais aussi articulées soient-elles, les propositions de Jean-Luc Mélenchon, leur aspect très dirigiste (interdiction des licenciements boursiers, retraite à 60 ans...) interdisent tout rapprochement avec un PS qui a glissé vers le social-libéralisme ces dernières années. Pour l'instant, la synthèse mélenchonienne, faite de personnalisation et de démocratie participative, fonctionne. La déception d'une grande partie des électeurs de François Hollande, la présence éventuelle d'Emmanuel Macron plus un candidat écologiste, risquent de morceler l'offre et d'aboutir à l'élimination de la gauche au second tour en 2017. En attendant, Jean-Luc Mélenchon est, au moins jusqu'en janvier prochain, date de la primaire socialiste, la seule certitude de gauche pour 2017. De quoi engranger et se consolider encore pendant trois mois.

La chronique suivante m'aura valu une avalanche de reproches salement formulés par des tweetos explicitement mélenchoniens et, la plupart du temps, anonymes. Il m'était reproché de faire un parallèle entre le FN et LFI...

28 avril 2017

Ce matin, la possible jonction des deux « non » du référendum de 2005.

La référence à 2005 devient pertinente pour ce second tour, d'autant que le thème central de cette semaine (avec Whirlpool) est le poids de l'Europe sur notre économie. En 2005 le « non » avait gagné mais il avait deux faces inconciliables. Le « non » de droite, souverainiste et nationaliste, et le « non » de gauche, alternatif, écologiste, antilibéral. On peut dire « non » ensemble et être majoritaire. Mais une présidentielle n'est pas un référendum. Le vote n'y est pas qu'un non, c'est aussi un oui, même par défaut. Alors qu'Emmanuel Macron peut coaliser les « oui » de droite et de gauche, Marine Le Pen théoriquement ne peut pas coaliser les « non » de droite et de gauche. Théoriquement ! Mais le relativisme ambiant peut changer la donne parce que l'idée de renvoyer dos à dos Marine Le Pen et Emmanuel Macron prospère, à la gauche de la gauche. Elle se répand, sur les réseaux sociaux, avec le #SansMoile7mai, dans les lycées bloqués, elle est débattue sur la plateforme des 450 000 signataires Insoumis. Et une formule résume le sentiment des partisans de ce ni-ni : « ni banquier ni fasciste », ni ultralibéralisme ni extrême droite. On mesure le chemin parcouru depuis 2002 avec cette équidistance entre un banquier et un fasciste ! Le libéralisme (qui comprend aussi le libéralisme sociétal, s'agissant de Macron) est mis, là, au même ban que l'extrême droite ! Établir une équidistance entre un banquier et un fasciste est aussi absurde qu'entre un curé et un communiste, un pompiste et un écologiste, un plombier zingueur et un centriste ! On est dans la caricature et le schématisme sectaire le plus abouti ! Car Emmanuel Macron n'est pas un ultralibéral, c'est un social-libéral. Sa conception du rôle de l'État n'est pas tournée vers le désengagement et ses idées sur les relations sociales procèdent au mieux (vu de gauche) d'une tradition rocardo-CFDT, d'inspiration scandinave, au pire shroederienne, mais pas du tout de l'ultralibéralisme d'une Margaret Thatcher par exemple ! On peut considérer que ce sont de très mauvaises idées, mais ce n'est pas de l'ultralibéralisme… La violence verbale de Jean-Luc Mélenchon pour dénoncer les traîtrises de la gauche modérée valide les outrances de Marine Le Pen contre « l'oligarchie » (mot fraîchement emprunté à Jean-Luc Mélenchon). Tout comme la surenchère identitaire de Nicolas Sarkozy avait aidé à l'incubation de la pensée lepéniste sur le sujet. Dans le cas du discours social de Marine Le Pen, c'est bien plus fort encore ! Parce que aujourd'hui, elle pille, elle singe toute l'imagerie, tous les symboles de la gauche antilibérale. La philosophie humaniste, internationalise et généreuse dont se prévaut Jean-Luc Mélenchon est totalement détournée par l'extrême droite (comme le fut la laïcité). Mais, par un sidérant syndrome de Stockholm, Jean-Luc Mélenchon ne semble pas gêné de voir son discours kidnappé et violenté puisqu'il encourage l'abstention (et donc les chances de Marine Le Pen) en ne disant rien de son vote, lui qui avait établi un contact impressionnant et influent avec toute une partie de la jeunesse. Une attitude qui peut faciliter la jonction impossible, devenue envisageable, entre les deux « non » du référendum de 2005.

3 avril 2017

Le moment Mélenchon !

Oui, nous entrons dans une période décisive où une bonne partie de la population, pas forcément passionnée par la politique, commence seulement à s'intéresser à la présidentielle. Le taux d'indécision reste très haut, c'est donc maintenant qu'il faut être bon, en phase avec les aspirations fortes de l'opinion. Et, justement, ces jours-ci (en fait depuis le premier débat) Jean-Luc Mélenchon surprend, détonne. Il suffit de faire un rapide tour d'horizon des autres candidats pour comprendre que chacun (sauf lui) est entravé par un impératif qui le bride. Le plus atteint, bien sûr c'est Fillon : à cause des affaires, il ne peut plus tenir le discours de sacrifice, de probité et de rectitude qui avait fait son succès à la primaire. Hamon, distancé, est victime de la fracture du PS. Macron, favori, a basé sa dynamique sur le dépassement du clivage gauche-droite, ce qui l'oblige à tenir des équilibres affadissants. Il domine et veut naturellement conserver cet avantage sans trop prendre de risques. Marine Le Pen stagne. Bien plus haut que Jean-Luc Mélenchon, 10 points au-dessus, mais les affaires qui la touchent aussi (qui ne lui ont pas nui, jusqu'ici) l'empêchent, toutefois, d'entonner le « tous pourris » qui serait pourtant très rentable auprès des électeurs antipolitiques... ceux, justement, qui se réveillent en ce moment pour s'intéresser à la campagne.

Jean-Luc Mélenchon, lui, n'est entravé par rien ! Il parle de façon débridée mais son propos est très construit. Son discours renouvelé est protestataire et apaisé à la fois. Le thème de l'écologie l'a sorti de l'âpre vulgate d'affrontement de la lutte des classes. Toujours anticapitaliste acharné, toujours aussi efficace tribunicien, il tient, comme hier à Châteauroux, des meetings singuliers, où il apparaît en bon grand-père hugolien, humaniste, où alternent grandiloquence et intimisme. Il ne s'agit plus seulement (et plus d'abord) de prendre brutalement aux riches, mais de produire, de consommer et de vivre autrement, en respectant la nature. Il pourrait presque tenir ce discours assis en fumant la pipe et en caressant un gros chat. Il parle d'harmonie, de vertu, de fraternité, dans un propos bien moins agressif qu'en 2012, sans atténuer, pour autant, sa critique sociale. Sa façon de dire « vous les gens » au lieu de « camarades », de tutoyer son auditoire, de s'en prendre non pas au système (comme les autres) mais aux oligarchies, aux puissants, aux « parfumés » (pour reprendre l'un de ses mots imagés d'hier), de citer les poètes, sans prompteur, de déambuler paisiblement avec sa veste-blouse d'instit d'antan, sévère mais bienveillant, tranche avec le Mélenchon colérique, commissaire du peuple de 2012. Dans ce moment cathartique qu'est la présidentielle, Jean-Luc Mélenchon fait écho auprès d'une bonne partie du peuple de gauche et d'indécis, épuisés, désillusionnés. En proposant la transition écologique comme matrice, il offre une nouvelle utopie évidente, concrète et plus douce aux oreilles et à la conscience d'une partie de la gauche, en quête d'un nouvel horizon plus que d'un nouveau président. Ce qui permet à Mélenchon de briller efficacement sur le souhaitable plus que sur le faisable.

Et puis il y eut le moment de rupture. Une position politicienne entre les deux tours. Jean-Luc Mélenchon s'est montré plus soucieux de l'unité de ses soutiens en vue des élections législatives que de réduire au maximum l'influence de l'extrême droite au second tour de la présidentielle.

25 avril 2017

Jean-Luc Mélenchon renvoie aux 450 000 signataires de sa plateforme l'attitude à adopter au second tour. Il faut souligner que quasiment tous les porte-parole de Jean-Luc Mélenchon, en contradiction avec le candidat, expliquaient spontanément que les signataires de la plateforme doivent se déterminer sur la formulation la plus appropriée pour appeler à faire barrage à l'extrême droite. Leur choix est donc fait… Mais Jean-Luc Mélenchon, lui, ne choisit pas ! Très meurtri par le résultat, il digère sa défaite. Et pendant la digestion, pas de *no pasarán* :

« Les médiacrates et oligarques jubilent, dit-il. Rien n'est si beau pour eux qu'un second tour entre deux candidats qui approuvent et veulent prolonger, les deux, les institutions actuelles ; qui n'expriment aucune prise de conscience écologique et qui, les deux, comptent s'en prendre aux acquis sociaux les plus élémentaires du pays. » Fin de citation. Pour Jean-Luc Mélenchon, Macron-Le Pen c'est blanc-bonnet et bonnet-blanc comme disait Jacques Duclos à propos de Pompidou et Poher, un gaulliste et un centriste ! La position de Mélenchon rompt avec toute la tradition et l'âme de la gauche dont il prétend pourtant être l'héritier le plus fidèle. Pourquoi cette rupture ? Il ne s'agit pas que d'une question d'aigreur après la défaite. Ce signe égal, inédit (et largement considéré, jusque dans son propre camp, comme irresponsable), a aussi une explication politique. Il est l'expression d'une grande lassitude, notamment des plus jeunes électeurs, fatigués de recevoir des injonctions de vote contre. Chez les 18-24 ans, Jean-Luc Mélenchon est arrivé largement en tête dimanche. Les jeunes connaissent les effets, sur leur vie et sur l'environnement, de ce qu'ils nomment le libéralisme économique. Ils vivent la dérégulation et la précarité. Le péril brun, en revanche, leur paraît théorique et lointain. Le discours très social du FN parfait le brouillage. Pour beaucoup d'électeurs de gauche, c'est l'ultralibéralisme qui est le ferment de l'extrême droite. Dès lors, voter pour ce qui fait grandir l'extrême droite ne leur paraît pas opportun. Et tant pis si cela revient à couper la branche sur laquelle ils sont assis au prétexte qu'elle ne serait ni confortable ni solide ! En dégradant en termes des plus violents ses adversaires de gauche, du centre et de droite, Jean-Luc Mélenchon porte une immense responsabilité dans le relativisme, dans l'équivalence des périls et la dissipation de l'essentiel. Sa responsabilité – dans cet entre-deux-tours – est d'autant plus forte que son action pour freiner la dynamique FN a été efficace, avant le premier tour, et que son charisme opère fortement sur une grande partie de la jeunesse qui l'a suivi dans sa croisade contre les inégalités et pour l'environnement. Et puisqu'il ne faut donc plus compter sur lui pour éclairer les plus jeunes sur l'extrême droite, ses racines et ses effets, eh bien c'est à Emmanuel Macron de se montrer convaincant, de prouver, s'il le peut, qu'il s'est vraiment converti à la transition écologique, que sa théorie des droits réels versus les droits formels ne constitue pas une menace pour notre modèle social. Mais pour l'instant, le candidat En marche ! n'a pas le discours adéquat pour débloquer les résistances de nombre de jeunes, révoltés à bon droit, et qui viennent de découvrir la politique avec Jean-Luc Mélenchon.

2 mai 2017

Derrière la présidentielle, un autre enjeu : le leadership à gauche.

Jean-Luc Mélenchon – qui fait le pari d'un Macron gagnant – a une chance historique de renverser le rapport de force à gauche. Rapport de force qui était – depuis cinquante ans – en faveur des socialistes sur le PC et son successeur, la gauche mélenchonienne. La stratégie de rupture et d'affrontement avec les socialistes de Jean-Luc Mélenchon a été très efficace et aujourd'hui, après avoir réuni trois fois plus de voix que Benoît Hamon, c'est lui qui règne sur la gauche. Mais c'est une domination fragile tant qu'elle n'est pas fixée par les législatives. Et là, ce sera une autre paire de manches parce que le

PS, même saigné par Emmanuel Macron, reste un appareil, avec des sortants par dizaines, bien implantés. Voilà pourquoi Jean-Luc Mélenchon a voulu, dans cet entre-deux-tours, préserver à tout prix l'unité de ses électeurs, alors que dimanche ils adopteront deux attitudes antagonistes et potentiellement facteurs de fracture. Jean-Luc Mélenchon estime que révéler son vote serait attiser la division. Mais cette stratégie qui tend à ne pas brusquer ses électeurs, ceux qui voteront Macron, blanc ou qui s'abstiendront, a une conséquence : elle absout ses partisans qui renvoient dos à dos Emmanuel Macron et Marine Le Pen, une rupture dans la tradition de la gauche, d'opposition sans condition à l'extrême droite.

Quelle peut être la portée de cette stratégie sur le résultat de l'élection ?

C'est très difficile à dire, nous aurons dans la journée le résultat de la consultation des 450 000 signataires de la plateforme de La France insoumise sur ce qu'il convient de faire au second tour. Ce ne sera pas une consigne de vote disent les porte-parole du candidat. Mais déjà notre sondage Ipsos pour le second tour, qui sera entièrement dévoilé à la mi-journée, montre qu'un tabou est tombé. Parmi les électeurs de Mélenchon, 47 % s'apprêtent à voter pour Macron, 34 % s'abstiendront ou voteront blanc, mais surtout 19 % prévoient de glisser un bulletin Marine Le Pen ! On en était à 8 % avant le premier tour. Le relativisme tactique de Jean-Luc Mélenchon a un effet indésirable : il décomplexe une partie substantielle de ses électeurs de voter Le Pen. Jean-Luc Mélenchon estimait, il y a deux jours, que la part d'entre eux qui s'apprêtent à voter Le Pen était résiduelle. Il se trompe. Ils sont donc près de 20 % à prévoir d'enfreindre la seule consigne de La France insoumise : pas une voix pour l'extrême droite.

Il faut dire que Marine Le Pen ne lésine pas sur les symboles. Dans une vidéo aimable, destinée aux électeurs de gauche, la candidate appelle (avec des accents très 1930) à faire barrage, je cite, « au banquier Macron ». Donc la stratégie mélenchonienne qui consiste à ne pas appeler à voter Macron peut – à première vue – être payante pour son leadership sur la gauche, mais le prix symbolique et politique est très élevé ! Et puis, pour le rapport de force, non plus simplement à gauche mais dans l'ensemble de l'opposition – droite et extrême droite comprise –, ce n'est sans doute pas un si bon calcul pour Jean-Luc Mélenchon face à une Marine Le Pen qui sortirait dimanche soir (avec un bon score) renforcée, bien mieux placée que le leader de La France insoumise pour les législatives et la tête de l'opposition à venir.

VI

Benoît Hamon, François Hollande, le PS à fond dans l'impasse

Comment en sont-ils arrivés là ? Relire ce que l'on disait des socialistes un an avant les élections c'est mesurer le chemin parcouru pendant cette campagne de sulfatage. Le risque, après le quinquennat Hollande, si mal jugé et qui sera peut-être réhabilité en partie par l'histoire, quand le temps aura fait son effet de tamis... le risque c'était tout simplement la disparition du PS. Corps et biens. Mais en septembre 2016, si personne n'imaginait qu'un socialiste puisse gagner, les leaders du parti créé en 1971 par François Mitterrand à Épinay s'interrogeaient pour savoir lequel d'entre eux (Valls, Montebourg... Hollande) perdrait en 2017 avec un minimum de panache pour pouvoir incarner, face à la droite majoritaire, l'alternative et reprendre le flambeau en 2022. Ces perspectives paraissent bien naïves et datées, *so 2016*, après les législatives de 2017. Relire mes propres chroniques m'a fait réaliser le chemin parcouru par la politique française en quelques mois. C'est un peu comme retomber sur une vieille photo de l'un de ses enfants que l'on côtoie tous les jours… on se dit : « Je ne l'ai pas vu grandir… »

12 septembre 2016

La dispersion de la gauche en vue de 2017 est logique puisqu'elle ne concourt plus pour l'Élysée… Les candidats de gauche pour l'Élysée ressemblent collectivement à un peloton de cyclistes fous qui déciderait de s'engager sur une autoroute un jour de chassé-croisé. Ils partent, de la sorte, chacun sur leur petit vélo vers une mort certaine au milieu des bolides de la droite et de l'extrême droite. On pourrait multiplier les métaphores pour signifier que la gauche, du fait de ses divisions, de son bilan, de son impréparation évidente de 2012, ne fait pas ce qu'il faut pour espérer avoir une petite chance d'emporter la présidentielle. Comme toujours, chaque candidat appelle à l'union derrière sa personne, ou à une large primaire qui englobe le PS, les écologistes et la gauche de la gauche. Primaire impossible puisque cet exercice est fait – normalement – pour départager les candidats qui ont quelques nuances programmatiques au sein d'un même camp. La gauche n'en est plus là. Ce n'est plus un même camp. Il ne s'agit plus de nuances mais bien d'antagonismes.

Il serait inconcevable de voir François Hollande et Jean-Luc Mélenchon s'engager dans un processus par lequel chacun promettrait de se soumettre à l'éventuelle victoire de l'autre.

Le risque de faire élire la droite et même l'extrême droite ne semble plus être un motif suffisant pour pousser les gauches à s'unir. Et s'il y a multiplicité de candidatures, ce n'est pas simplement par une soudaine hypertrophie des ego, c'est aussi – surtout – parce que, plus ou moins consciemment, la gauche sait que l'élection est à coup presque sûr perdue... En réalité, Mélenchon, Montebourg, Hamon, Lienemann, Duflot, Jadot, Macron, peut-être Taubira, éventuellement Valls... n'ont aucune raison de s'unir puisqu'ils ne sont pas sur la ligne de départ pour l'Élysée mais pour prendre le leadership de l'opposition, en vue de 2022. L'état de doute, de tâtonnement idéologique que traverse la gauche justifie cette palette de candidats, du nostalgique de la gauche plurielle avec Hamon, au néocolbertiste Montebourg, en passant par les sociaux-libéraux, les écologistes, les tenants d'une planification écologique eurosceptique à la Mélenchon... il faudra bien que le débat ait lieu. Il durera cinq ans, les cinq ans d'opposition... et 2017 va déterminer le rapport de forces de départ pour chacune de ces tendances et leurs représentants. Pour chacun des candidats de gauche, 2017 n'est donc pas un but mais la ligne de départ. Ce raisonnement ne marche pas, bien sûr, pour le cas Hollande. Il est inconcevable que le président sortant se place dans l'hypothèse de gagner, dans huit mois, la meilleure place pour peser sur l'opposition de demain. Pour une grande partie de la gauche, une candidature Hollande ne ferait que retarder, détourner le nécessaire travail de refondation à entamer dès maintenant. Voilà pourquoi le risque est, pour François Hollande, immense… dans cette élection. Pour l'instant, vu l'état des rapports de forces et de l'opinion à son endroit, il est aussi comme un cycliste sur l'autoroute… mais lui risque, en plus, d'être à contresens.

Les campagnes de la présidentielle et des législatives 2017 auront été un calvaire à multiples stations pour Manuel Valls… Si toutes les planètes semblent s'être alignées rapidement pour Emmanuel Macron, qui se prépare à devenir président depuis quelques mois, elles se sont dispersées dans une sombre et hostile stratosphère pour contrecarrer tous les plans du Premier ministre de François Hollande, qui se préparait à devenir président depuis… quarante ans.

6 octobre 2016

Ce matin l'hypothèse Valls pour 2017.

Manuel Valls attend. Dans une posture offensive et tout à fait loyale, ne laissant paraître aucun signe d'impatience… Il faut dire que, pour espérer devenir le prochain président de gauche, l'année 2022 est sans doute plus prometteuse que l'année 2017. Mais il attend. Si en décembre prochain François Hollande n'a toujours pas décollé dans les sondages, si le fameux « ça va mieux » n'est toujours pas ressenti par les Français, si Alain Juppé a gagné la primaire, si donc le Président décide de ne pas se représenter (ça fait beaucoup de « si », mais de plus en plus probables) alors Manuel Valls sera candidat pour 2017 via la primaire de janvier. Se dégagerait ainsi un duel Montebourg/Valls qui, sur le papier, constitue une compétition intéressante, entre deux fortes personnalités… Mais on peut se demander, en fait, si ce duel serait vraiment utile pour la gauche. Car ce dont a besoin la gauche de gouvernement, en ce moment, c'est d'avancer sur quelques débats qu'elle n'a, dans le domaine économique (voyez Alstom), toujours pas tranchés. On cerne à peu près ce qu'est le programme économique d'Arnaud Montebourg, même s'il est encore émaillé de beaucoup d'affirmations dont on ne comprend pas tout à fait comment elles pourraient être mises en œuvre : 80 % des commandes publiques réservées aux produits et services made in France, par exemple. L'ancien ministre du Redressement productif dit même qu'il serait prêt à assumer que la France paie des pénalités que ne manquerait pas de nous infliger l'Europe ; ce qui rend la mesure phare d'Arnaud Montebourg très aléatoire et surtout d'un coût totalement inconnu. Mais, enfin, on voit la philosophie économique défendue par l'ancien ministre du Redressement productif.

Pour ce qui est de Manuel Valls, on connaît mal ses convictions en matière économique. Ce n'est pas sa matière de prédilection. Pour lui le politique prime sur l'économique (je ne suis pas sûr qu'il arrête de se laver les dents pendant la chronique de Dominique Seux). Avec lui, on a l'impression que c'est : « L'intendance suivra. » Est-il, au fond, comme son tempérament et cette dernière décision sur Alstom le suggèrent, un volontariste, adepte d'un État fort et interventionniste ? Ou est-il comme son histoire politique l'indique plutôt (rocardien et centre gauche) un social-démocrate/social-libéral, qui fait plus confiance à la société qu'à la puissance publique ? Pour l'instant, si ses convictions et ses mots sur l'autorité, la laïcité, sont fermes et identifiables, l'économie est l'angle mort du vallsisme. En réalité, avec Valls ou Montebourg, les électeurs savent pour qui ils voteraient, mais ils ne sauraient pas vraiment pour quelle politique. Et en janvier, quatre mois avant le scrutin, il sera bien tard pour que Manuel Valls se forge un pedigree économique fort, alors que le créneau social-libéral est occupé par Emmanuel Macron et le social-colbertisme par Montebourg. En fixant la date de sa décision en décembre, François Hollande ne facilite pas la tâche, déjà presque impossible, aux candidats de son camp.

Gérard Davet et Fabrice Lhomme s'en sont étonnés eux-mêmes. Ils en étaient d'ailleurs désolés mais la parution de leur livre, *Un président ne devrait pas dire ça…*, a été un moment clé dans cette campagne. Ce n'est pas le contenu, les révélations, les scoops du livre qui auront bouleversé la campagne mais le ton du Président, l'image que les auteurs et lui-même donnaient du chef de l'État, un homme seul qui réduit le champ du secret pour mieux être compris et être mieux aimé. Volonté de transparence qui ne fut pas perçue comme telle.

13 octobre 2016

Ce livre étonnant, déjà très commenté, est parfois dérangeant. Tant de transparence finit par gêner. Nous journalistes politiques, dont le métier consiste aussi à retirer le papier peint de la communication pour dévoiler le plus possible la vérité des intentions, mettre à nu les stratégies, devrions lire ces pages avec gourmandise. C'est le cas mais en même temps on sait que, selon le célèbre mot du général de Gaulle : « L'autorité ne va pas sans prestige, et le prestige sans l'éloignement. » Il ne s'agit pas de regretter la distance aristocratique, hautaine et opaque des présidents de la Ve République jusqu'à Jacques Chirac compris, mais simplement d'exiger une certaine hauteur arbitrale et forcément un peu distante, une part d'inconnu qui donne le sentiment que le pouvoir conféré par la volonté du peuple souverain est assuré avec impartialité et sens du service public – un minimum, ne soyons pas trop idéalistes. La nécessité de plus de transparence et d'horizontalité signifie une démocratie plus accessible à tous, avec des instruments institutionnels de contrôle du pouvoir et de participation aux décisions, pas forcément (et même pas du tout) une démocratie dans laquelle les détenteurs des manettes de l'État seraient radiographiés, sans ombre et donc dépouillés de leur surmoi présidentiel. L'accès à l'intimité privée du Président, à son intimité intellectuelle et même son intimité tactique, ne constitue pas une modernisation de la démocratie… plutôt une trivialisation de l'autorité, corrosive pour la politique.

En octobre c'était assez audacieux de prévoir que François Hollande ne se représenterait pas. Mais une analyse sérieuse des conditions politiques de cette élection ne laissait, en réalité, quasiment aucun doute. Quand François Hollande disait que se représenter n'était pas chose automatique, je le croyais. Bénéficiaire, comme tous mes confrères et comme tous les collaborateurs de l'Élysée, d'aucune autre confidence présidentielle sur ses hésitations et ses doutes (comme quoi le président d'alors savait aussi tenir sa langue) je n'en étais pas moins persuadé que ce serait une folie pour François Hollande que de briguer un nouveau mandat... Persuadé aussi qu'il s'en apercevrait à temps.

18 octobre 2016

Un sérieux doute s'installe sur la capacité de François Hollande à se représenter. Aujourd'hui, mardi, les parlementaires socialistes reviennent de leurs circonscriptions pour assister ce matin à leur réunion de groupe avant les questions au gouvernement cet après-midi. Ils sont à peu près tous déboussolés par le livre de confessions de Gérard Davet et Fabrice Lhomme. Avant le livre, l'analyse qui prévalait chez les socialistes, parmi la masse des élus, était que certes François Hollande avait déçu, certes il battait des records d'impopularité mais, au fond, il avait, sur les questions régaliennes, au moment des attentats, sur le front de la politique extérieure, été un président plutôt solide, compassionnel et courageux. Ils estimaient, ces corps intermédiaires socialistes, que sa politique économique et sociale, attaquée sur les flancs droit et gauche, pouvait – en cherchant bien il est vrai – être défendue au cours d'une campagne face à un Mélenchon dans l'outrance agressive et le candidat de droite promettant de remettre en cause le modèle social par une purge dans les services publics. Bref, pour peu que Nicolas Sarkozy gagne la primaire de son camp et qu'Emmanuel Macron renonce (deux conditions qui ne sont pas les plus probables), il y avait un chemin étroit, soit pour être au second tour et donc probablement gagner, soit pour perdre avec un honorable 20 %-25 % au premier tour. De quoi sauver le PS d'une destruction promise. Cependant, le livre casse ces maigres espoirs. De maigres, les espoirs des élus socialistes passent à rachitiques. Certains même – qui n'ont rien à voir avec les frondeurs – qui étaient prêts à se jeter dans la bataille, certes par devoir, plus comme on va chez le dentiste qu'à un match de tennis, ne le sont plus du tout. La défense de certains hollandais, qui consiste à dire qu'il faut lire les 660 pages du livre pour comprendre que François Hollande, en fait, s'en tire, est assez désespérée. D'autant qu'à la lecture de l'ensemble du livre on peut avoir, en réalité, le sentiment inverse. L'argument principal, que le Président pouvait, non sans raison, mettre en avant pour une éventuelle candidature à sa réélection, était qu'il a traversé les attentats avec dignité, qu'il a su parler et agir au nom d'un pays qui n'a pas perdu son sang-froid, lorsque l'histoire était tragique. Cet argument sera plus difficile à mettre en avant après ce strip-tease politique qui abîme la stature en abolissant (non pas par un exercice de transparence, mais par une mise à nu) la distance minimale nécessaire à l'exercice de l'autorité.

27 octobre 2016

Valls/Hollande... tous les deux sont candidats potentiels et désormais concurrents. C'est nouveau et ça s'est passé hier, ici même, à ce micro. L'interview de Manuel Valls peut être interprétée comme un premier pas vers une candidature à la candidature. On sait depuis longtemps, c'est d'ailleurs dans la logique des choses, que le Premier ministre sera candidat à la primaire socialiste si le Président décidait, avant mi-décembre (c'est la date butoir qu'il s'est fixée), de ne pas y aller. Mais, de candidat de substitution, Manuel Valls est clairement passé hier matin à candidat concurrent. Bien sûr cela ne veut pas dire qu'il ira même si le Président y va, mais tout dans son propos indique maintenant que, de son point de vue, François Hollande n'est d'ores et déjà plus en mesure de se présenter. « Allez, il ne faut pas rester là monsieur, on ferme », semble-t-il lui dire avec un mélange de compassion et d'empressement agacé. C'était limpide quand on lui a demandé : « François Hollande est-il toujours le candidat naturel de la gauche ? » Il y a quelques semaines, Manuel Valls aurait répondu : « Oui, bien sûr. » Hier il a botté en touche. Et de la part du chef de la majorité, ça veut dire « non ».

Mais s'ils semblent concurrents, ils ne montrent pas vraiment d'enthousiasme pour aller à la bataille. Ils savent que les chances de gagner sont très minces. Ils donnent, chacun, l'impression d'être tiraillé entre le devoir et l'ambition, la crainte de se faire voler son tour et le sentiment d'aller à l'abattoir électoral. Ceux qui ont vu le Président hier, après les déclarations de Manuel Valls, ont été frappés par sa sérénité. Il prétend ne pas avoir pris sa décision pour 2017 mais ne semble impressionné ni par l'état rachitique de sa popularité, ni par la prétention de son Premier ministre qui lui désigne la sortie. Les deux têtes de l'hydre bicéphale de l'exécutif ont déjà un embryon de message pour leurs éventuelles campagnes. Ils commencent à les tester, devant les micros pour Manuel Valls, ou devant ses visiteurs pour François Hollande. Le Premier ministre veut incarner le retour de l'État, de l'autorité, mais aussi se veut le garant d'un modèle social à moderniser et menacé par le programme très dur de la droite. François Hollande prépare un autre message : selon lui, le temps des efforts est passé. Les Français ont fait des sacrifices, ont accepté, de plus ou moins bonne grâce, les réformes et vont maintenant pouvoir, sous le haut patronage du candidat Hollande 2, entamer une ère de rénovation sociale avec, par exemple, des services publics plus à l'écoute des Français, mieux armés pour réparer les fractures, les blessures d'une société abîmée par tant d'années de crise. Il prépare, en quelque sorte, un message de président nounou. Les horizons envisagés par le Président et le Premier ministre sont encore assez évasifs, mais on sent bien que chacun dans son style voudra apparaître comme un adoucissant pour une société au bord de la crise de nerfs. Ces pré-campagnes parallèles produisent une situation inédite : nous avons donc pour la première fois un président et son Premier ministre – en exercice et du même bord politique, même quasiment de la même tendance – objectivement concurrents ! La présidentielle 2017 se profile, décidément, comme l'élection des situations inédites.

1er décembre 2016

Comment peut se passer la primaire de la gauche avec un président en exercice ? C'est une question que les socialistes n'avaient pas envisagée lorsqu'ils ont inscrit dans les statuts de leur parti que la primaire aurait lieu, quelle que soit la situation, tous les cinq ans. Peut-être avaient-ils imaginé que pour un président sortant la primaire (comme aux États-Unis) serait de pure forme. La simple validation d'une légitimité évidente. En politique, on manque toujours d'imagination quand il s'agit de prévoir la cruauté (et la date) de la fin. Quand François Hollande avait dit qu'il voulait être un président normal, il signifiait un homme normal-président, simple et accessible. C'était une démarche vertueuse raccord avec la critique du penchant monarchique de nos institutions. Dès lors, un président normal se doit d'accepter de bonne grâce de se soumettre à la primaire s'il veut se représenter. Sauf que pour enrayer sa chute de popularité (et aussi parce que les attentats, le tragique de l'histoire, l'y conduisaient), François Hollande a décidé de jouer à fond la carte du président en majesté lors des multiples cérémonies d'hommage aux victimes du terrorisme ou de la guerre de 1914-1918. Cette posture olympienne, perchée sur les hauteurs de sa fonction, loin de la normalité revendiquée au début, n'est pas vraiment compatible avec un retour dans le bain partisan d'une primaire.

Peut-il se présenter, hors du cadre de la primaire ? L'Élysée teste l'idée en laissant penser qu'il y réfléchit. En effet, comment le président de tous les Français, qui tire sa légitimité d'une élection nationale, peut-il se retrouver au niveau de ce qui reste une élection certes ouverte mais interne, partisane ? Ses amis (entre guillemets), qui lui expliquent que justement la primaire constitue une étape idéale pour se relégitimer, d'abord auprès des siens, avant d'affronter l'ensemble du corps électoral, ces « amis »-là veulent en réalité sa mort politique. Vu l'état de l'opinion, prête à jouer au chamboule-tout politique avec tous les sortants possibles, une présence de François Hollande à la primaire serait des plus parieuses pour lui. Mais il est coincé. Il ne peut décemment pas se présenter hors primaire. Ce ne serait possible que si un vaste mouvement de soutien se levait à travers le pays pour le lui demander ! visiblement on n'y est pas ! Si malgré tout il décidait d'y aller en évitant la case primaire, il ne bénéficierait d'aucun appui de l'appareil de son parti et même serait combattu par lui. Il lui faut donc passer par la primaire. Mais que serait le poids, en France et à l'étranger, jusqu'en mai 2017, du Président s'il était battu dans une compétition interne à son propre camp en

janvier ? François Hollande hors primaire sera
homme seul et impopulaire. François Hollande
primaire risquerait de la perdre, donc de porter un
terrible à la fonction présidentielle, au moins po
quatre mois encore en fonction à l'Élysée ! Cette
mandat ressemble, tout simplement, pour Franço
lande à une impasse. Mais… par les temps qui c
le plus sûr en politique (et c'est vraiment là le de
maigre espoir de François Hollande), c'est l'impré
renversement de situation.

Ce 2 décembre, date à laquelle, autrefoi
devenait empereur, je fais donc la chroniq
commente une première dans l'histoire de
dents : un renoncement à se représenter.

2 décembre 2016

Donc François Hollande renonce… Il était d
impasse politique. Le Président risquait tout sim
de perdre non pas l'élection présidentielle, ma
maire de son propre camp. Un président en diffic
prendre le risque de défendre son bilan devant
et tenter le coup, même s'il sait qu'il a peu de
d'être réélu face à l'opposition. Mais, dans le ca
compétition interne (qu'il lui était impossible c
aurait été irresponsable de risquer de perdre..
pour la fonction qu'il occupe, pour les derniers m
présidence, mais aussi pour la gauche. La n
débats de la campagne aurait été pervertie, tou
le passé, personnalisée. La gauche en serait s
fracturée. Donc François Hollande a fait preuve
là où beaucoup de responsables politiques a

ce réflexe pavlovien de l'ambition et ne pouvaient imaginer autre chose que ce qui se fait toujours : un président ça se représente. Il va falloir s'y faire, en politique, les choses ne se passent plus jamais comme d'habitude… Cette décision inédite du Président provoque une situation elle aussi inédite.

La primaire peut commencer… On va essayer de ne pas retomber dans le piège du duel annoncé, puis démenti d'avoir trop été annoncé, mais se profile quand même un affrontement entre Manuel Valls et Arnaud Montebourg. En tout cas, entre deux lignes politiques, et surtout deux visions de l'économie. Ce débat serait utile. Une ligne sociale-démocrate, européenne, réformatrice, et une ligne plus souverainiste, colbertiste et interventionniste. Dans les deux cas, l'idée sera forcément de proposer un but, un discours propre à reconstruire une gauche exsangue, non pas tant du fait de la présidence Hollande et de ses trop nombreux non-choix que de l'état de la gauche de gouvernement dans le monde et en Europe. En réalité, ni Manuel Valls ni Arnaud Montebourg ne sont très typés sur les sujets économiques. Les concurrents à la primaire socialiste ne pourront pas se contenter – ils sont trop mal placés pour ça – du ressort si efficace en ce moment de l'antisystème. Ils ont compris que reproduire l'éternel débat, jamais vraiment tranché, entre les deux gauches, n'est plus la solution, dans un monde qui change si vite, mais qu'il faut inventer autre chose… un autre discours et d'autres projets, d'autres horizons pour le camp progressiste, capables d'enrayer la défiance populaire envers la gauche. De ce point de vue, Emmanuel Macron et Jean-Luc Mélenchon ont, chacun dans leur genre, un coup d'avance. Il faudrait pour que la primaire de la gauche soit utile, éviter les

pièges de la synthèse socialiste, que les lignes soient claires et fortes, et surtout que celle qui arrive en tête à l'issue du premier tour de la primaire ne s'amollisse pas en tentant de rassembler les courants d'un parti qui en réalité n'existe plus. La décision lucide et honnête de François Hollande peut ouvrir une grande période de chaos à gauche ou (soyons positifs) une période passionnante de renouvellement.

La relecture de cette chronique est cruelle parce que j'y mets en garde, après l'expérience de la primaire de la droite et du duel supposé Sarkozy/Juppé, contre la tentation d'annoncer et de commenter un duel évident, qui en réalité n'aura pas lieu. Et puis je tombe dans le piège que je signalais ! J'affirme que, quand même, Montebourg/Valls… comment y échapper. J'avoue, je n'avais pas du tout vu venir Benoît Hamon, au départ en tout cas. Cette primaire incite le commentateur à l'humilité.

5 décembre 2016

Primaire de la gauche : le risque de l'inutilité !

Oui, la primaire pourrait ne rien régler. Celle de la droite lui a permis de choisir un champion, assuré d'être seul (à un Dupont-Aignan près), face à la gauche et l'extrême droite. La primaire dite de la Belle Alliance populaire sélectionnera le candidat qui ne sera pas celui de toute la gauche puisqu'à l'issue de cette compétition, fin janvier, il y aura donc un candidat socialiste, plus Jadot, Macron et Mélenchon. Donc si les efforts de Jean-Christophe Cambadélis visant à convaincre Mélenchon et

Macron d'intégrer la primaire restent vains – ce qui est le plus probable – alors la gauche ne sera pas en mesure d'atteindre le second tour en 2017. Il faudrait, pour qu'il en soit autrement, que Marine Le Pen ou François Fillon s'effondrent, pour une raison que l'on serait bien en peine d'imaginer aujourd'hui. En en restant aux équilibres gauche-droite-extrême-droite actuels, un constat s'impose : la gauche est dans une impasse. Les lignes économiques d'Arnaud Montebourg et de Manuel Valls sont différentes, la primaire pourrait au moins enfin trancher cette question... On y croit à peine.

Ce débat dure depuis l'affrontement Rocard/Mitterrand à la fin des années 70. Dans les faits, les socialistes au pouvoir n'ont jamais eu une ligne claire. Ils tiennent toujours (depuis 1983) un discours plus à gauche que la réalité de leur action. Avec une conjoncture favorable et une génération brillante, ils ont, entre 1997 et 2002, obtenu de bons résultats macroéconomiques mais n'ont pas proposé pour autant un nouvel horizon pour la gauche ou un modèle de sortie de crise pour la France. Entre 2002 et 2012, de retour dans l'opposition nationale, les socialistes gagnaient toutes les élections intermédiaires et se sont, dès lors, crus dispensés de travailler à trancher et à rénover leurs conceptions de l'économie. Les dix ans d'opposition qui ont précédé le quinquennat de François Hollande auront été stériles, occupés à engranger les faciles bénéfices électoraux locaux. Les socialistes auraient dû, à ce moment-là, œuvrer à la refondation d'un projet comme la gauche française a su en inventer dans sa longue histoire. Un projet progressiste tenant compte des nouveaux atouts et dangers de la mondialisation, de la révolution numérique et de l'exigence écologique. Le PS d'aujourd'hui, exsangue, ne paie donc pas tant le bilan du Hollande président (qui sera, au fil du temps, à coup sûr réévalué) que le temps perdu par le Hollande patron du PS des années 2000. Aujourd'hui Emmanuel Macron et Jean-Luc Mélenchon, chacun dans son genre, se montrent plus audacieux et inventifs. Ils sont le résultat outré des non-choix du PS. La gauche est maintenant dans un tel état qu'une primaire globale, avec le PS, Mélenchon et Macron, est impossible. Elle serait même malhonnête puisque ni Macron ni Mélenchon ne pourraient décemment se ranger (selon le principe de la primaire) derrière celui qui gagnerait, tant ce qui les sépare est maintenant une question de nature et non plus de degrés. Ce qui est à craindre pour la gauche, c'est que Manuel Valls, qui sera candidat cet après-midi, ou Arnaud Montebourg ne puissent, au mieux, représenter une solution pour tout ce conglomérat de gauche qu'au prix d'une synthèse (pas d'un compromis) et donc, encore une fois, d'un non-choix.

6 décembre 2016

Manuel Valls est donc candidat ! Et pour l'instant, on est bien en peine de définir ce qu'est le vallsisme en 2016. Sur le plan économique d'abord, et c'est quand même problématique, puisque lui, comme les autres (depuis trois ou quatre élections présidentielles), estime à juste titre que la question du chômage est la question principale. Sur ce sujet, on ne peut pas encore tracer les contours de sa pensée (Dominique Seux, qui est très fort, va quand même essayer). Sur le reste, il s'attache à nous montrer qu'il a l'étoffe de la fonction, qu'il sait trancher... lui ! Et que son volontarisme, son caractère bien trempé, sont adaptés à la dureté du monde et des temps. La République, la nation, l'esprit français sont exaltés...

Mais ce sont des termes génériques, des mots drapeaux, qui ne disent pas grand-chose du but proposé à la gauche, puis à la France. Il fait, semble-t-il, le pari que les Français ont plus besoin de solidité, d'une certaine forme de retour à l'autorité, que d'innovation idéologique. Il semble prendre exemple sur François Fillon qui a triomphé en proposant un retour à des bases assez classiques et rassurantes de la droite conservatrice. Manuel Valls propose donc un discours (pas encore précis) très classique, lui aussi, sur la laïcité, l'égalité, la République. Nous n'étions pas, hier soir, devant le Manuel Valls que l'on connaît, adepte du coup de menton et de l'autoritarisme un peu raide et transgressif avec son camp, mais devant un homme qui tenait les deux bouts de la corde : social et régalien. Il avait pris soin de s'exprimer depuis sa ville populaire d'Évry, avec derrière lui, pour l'écouter et acquiescer, une petite troupe « Benetton », la diversité urbaine française d'aujourd'hui. Face à un Fillon de la droite patrimoniale et provinciale se présente donc un Valls de la gauche sûre d'elle, multiculturelle et républicaine... Le discours et la mise en scène simple étaient efficaces. Il faisait, à n'en pas douter, président. Mais président pour quoi faire et pour aller où et de quelle manière ? On ne le voit pas encore.

Peut-il échapper au bilan du quinquennat ? Ce n'est pas sûr avec une si courte campagne. Il va tenter, là aussi, de faire comme François Fillon. Sa loyauté, presque jusqu'à la fin, envers le Président, le pose en homme fiable, de confiance, et lui permet de dire que, par loyauté, il ne formulait pas les critiques, ne pointait pas les insuffisances et les manquements du chef, du vrai responsable : François Hollande. Mais n'en pensait pas moins. La loyauté permet de se défausser de responsabilité, c'est une tactique classique et d'une efficacité redoutable. Mais il faut maintenant que la campagne des primaires commence (il ne reste que 47 jours !) pour que, sur chaque sujet, l'on sache précisément ce que Manuel Valls propose. Des généralités républicaines, même prononcées avec conviction et autorité, restent des généralités. Il va falloir que tous les candidats à la primaire fassent preuve d'imagination et de vision parce que les idées sont plutôt chez ceux qui ne sont pas dans cette compétition : Jean-Luc Mélenchon et Emmanuel Macron.

Toutes proportions gardées avec le général de Gaulle, Michel Rocard était aussi très présent dans cette campagne. Nombre de candidats s'en réclamaient, l'évoquaient dans leur discours… beaucoup plus que François Mitterrand. Alain Juppé, qui entretenait avec Michel Rocard une relation assez complice et qui avait partagé avec lui de longues discussions durant de longues années ; Emmanuel Macron qui prétendait s'inscrire dans le sillage de l'ancien leader de la « deuxième gauche ». Et, plus singulièrement, les deux finalistes de la primaire de la gauche étaient, chacun à leur façon, des enfants naturels de Michel Rocard.

24 janvier 2017

Le second tour Hamon/Valls est un épisode de la guerre des deux gauches d'un genre bien particulier. Il ne s'agit pas des deux gauches habituelles : la gauche interventionniste keynésienne d'un côté et de l'autre une gauche sociale-démocrate, réformiste, sensible aux équilibres budgétaires. Il s'agit plutôt de l'opposition entre deux versions de l'héritage rocardien. L'un (Hamon) prend à Rocard l'ingénierie sociale innovante, l'audace sociétale, l'autre (Valls) retient le sérieux budgétaire, le sens de l'État et la conscience des contraintes. On avait l'habitude, s'agissant du PS, d'opposer les classiques qui voulaient plus d'État, plus de relance pour alimenter le moteur de la croissance, à l'autre gauche, plus sociale-démocrate (rocardienne donc), appelée aussi deuxième gauche (dans les années 70 et 80). Cette gauche-là faisait plus confiance à la société, au syndicalisme réformiste et au monde associatif pour réduire les inégalités et imposer un monde plus juste. Cette gauche-là se dit pragmatique en même temps qu'imaginative et se prétend mieux armée pour assumer le pouvoir, en rupture avec l'esprit contestataire de la première gauche.

De prime abord Manuel Valls est l'héritier naturel du rocardisme. Il fut un proche de Michel Rocard et se situe très clairement parmi les sociaux-démocrates. Il se sépare, cependant, de cette culture par une forme d'autoritarisme républicain qui semble laisser moins d'initiatives aux acteurs sociaux et réclamer plus de force à la puissance publique, au moins sur les questions régaliennes. Mais Benoît Hamon (qui a aussi été jeune rocardien) n'est pas – bien que frondeur – le représentant de la première gauche. Il brise un tabou, une matrice essentielle de la gauche socialiste classique : la croissance. Il introduit l'écologie comme axe prioritaire de son projet et, en proposant le revenu universel, rompt avec la sacro-sainte valeur travail de la gauche industrialiste, productiviste et redistributrice. Hamon introduit pour la première fois le loup écologiste dans la bergerie socialiste. L'écologie est d'ailleurs en passe de devenir le prochain thème liant qui pourrait réconcilier un jour toutes les gauches éclatées (Rocard, d'ailleurs, était devenu très écologiste à la fin de sa vie). Benoît Hamon tire sa dynamique de cette intuition qui a du sens pour une bonne partie du peuple de gauche, au moins parmi les jeunes actifs et les urbains, qui constituent le gros du contingent des votants à la primaire. L'écologie perce partout à gauche. Présente déjà en 2012 dans le projet de Jean-Luc Mélenchon, ce qu'il appelle « planification écologique » constitue la matrice du programme économique de La France insoumise de 2017. Du côté d'Emmanuel Macron, l'idée progresse sous l'impulsion notamment de Daniel Cohn-Bendit. Macron tient maintenant la transition énergétique comme un axe essentiel de la modernité qu'il souhaite incarner. C'est sans doute parce que l'écologie était au cœur de son projet que Hamon est arrivé en tête. Le duel Valls/Hamon n'est donc pas un duel entre les deux gauches que l'on oppose généralement mais plutôt entre deux versions d'une sorte de néorocardisme. Voilà pourquoi, au-delà du face-à-face de deux personnalités fortes, le débat de demain soir devrait être particulièrement intéressant.

27 janvier 2017

Nous arrivons au terme du processus des primaires. Un choix clair s'offre aux électeurs de gauche. Un choix entre deux hommes qui, sur la fin, ont su retenir leurs coups et débattre de façon intéressante (ça a été souligné de toutes parts). C'est assez rare que l'on dise du bien – en ce moment – du personnel politique, il ne faut pas bouder son plaisir. À eux deux, Manuel Valls et Benoît Hamon représentaient les deux bouts de la problématique de la gauche démocratique : une tension permanente entre l'utopie et la réalité, le souhaitable et le réalisable. Benoît Hamon a su faire mentir tous ceux qui classaient ses propositions dans la catégorie néfaste des illusions. Ses idées sur le revenu universel, discutées et discutables, tant sur la philosophie que sur leur financement, n'en sont pas moins les seules pistes de réflexion lancées dans cette primaire, qui se basent sur l'idée de ce que sera le monde de demain. L'introduction de l'exigence environnementale dans le projet socialiste change du tout au tout les ressorts de la gauche démocratique, basés sur l'idée de répartir au mieux les fruits d'une croissance forcément toujours plus élevée. L'intuition de l'avenir était du côté de Hamon dans cette campagne. Valls, lui, a su représenter, dans un contexte très dur, avec un bilan peu apprécié (et qui n'est pas entièrement le sien), la culture de gouvernement, la prise en compte des réalités dans un monde qui au fond ne pense pas (comme Benoît Hamon) qu'il faut réduire le temps de travail.

Les socialistes ne sont pas favoris. Cette primaire peut-elle les remettre en selle ? C'est assez peu probable parce que, aussi intéressante soit-elle, cette primaire ne rencontre pas un succès populaire suffisant pour créer un élan. Mais ce qui est certain (et peut s'avérer problématique pour les deux candidats qui en sont issus, de gauche comme de droite), c'est que les primaires, les débats internes qu'elles comportent, forcent les candidats à proposer et à défendre des projets extrêmement précis. Chaque proposition est scannée, analysée, chiffrée, soupesée par les autres candidats et la presse. Pendant ce temps-là, les autres principaux favoris, ceux qui se sont autodésignés et sont partis en campagne plus tôt, sur l'idée du renouvellement ou de la rupture, sont beaucoup moins précis dans leurs intentions. Emmanuel Macron et

Marine Le Pen ont traversé ces derniers mois dans un flou artistique bien pratique. Ils n'ont pas subi le passage au laminoir de leurs concurrents puisqu'ils n'en ont pas. Ils sont porteurs, chacun d'entre eux (et l'on pourrait ajouter Jean-Luc Mélenchon), de messages identifiés mais – c'est pratique – peu détaillés. Leur personnalité, ce qu'ils incarnent, leur vocabulaire et leur façon d'être sont des atouts par rapport aux rescapés des primaires. Mais Jean-Luc Mélenchon, Emmanuel Macron et Marine Le Pen vont devoir, à leur tour, préciser leur programme, passer au chiffrage, subir le fact-checking et les évaluations. Ils vont essayer de retarder ces moments pour privilégier des généralités séduisantes. On ne peut pas dire encore si le fait d'être passé par des primaires constitue un avantage ou un inconvénient. Pour l'instant, la situation politique n'est pas très rassurante pour eux. Pour ce qui est de François Fillon, par exemple, on peut déjà constater que les primaires n'ont pas fait de lui un candidat incontestable. Le silence assourdissant des grands leaders de la droite pour le défendre à l'occasion du Penelopegate en est la preuve.

Benoît Hamon est donc le candidat des socialistes. Dès lors, et malgré les qualités de l'homme, on comprend définitivement que le prochain président ne sera pas socialiste. On se dit que décidément Emmanuel Macron, qui n'y est pour rien, a bien de la chance. On se dit aussi que l'on avait tort d'avoir fait une chronique pour s'étonner du choix de Macron de ne pas concourir à la primaire de la gauche. La situation est, avec Hamon à sa gauche et un Fillon plombé à sa droite, tout ce qu'il y a de plus favorable pour celui qui deviendra président…

31 janvier 2017

Benoît Hamon peut-il rassembler la gauche ? Pour l'instant non. Pourtant, de là où il est sur l'échiquier de la gauche, il pourrait faire office de pont entre ces socialistes qui ne rougissent pas du quinquennat, et la gauche de la gauche représentée par un Mélenchon tanké dans une position d'irréductible opposant à tout ce qui porte une étiquette PS. Benoît Hamon a aussi un avantage de taille sur les autres : sa candidature n'est pas le fruit d'une aventure personnelle, mais d'un processus démocratique qui lui donne une légitimité concrète. Eh bien malgré ces facteurs positifs, Hamon, aujourd'hui, n'est pas en mesure de réunir la gauche. Parce que le rassemblement ne se fait jamais autour du plus légitime, autour du point d'équilibre, mais derrière celui qui incarne la plus forte dynamique. Et la dynamique ne se décrète pas, elle s'organise et surtout résulte de l'adéquation d'une personne, de son discours avec l'époque (de Gaulle disait « les circonstances »). Tant que le vent ne se lève pas pour Benoît Hamon (et encore une fois seuls ces satanés sondages nous le diront), il n'y a aucune raison que Mélenchon et ou Macron renoncent à leur campagne déjà sur de bons rails depuis des mois.

Quelles sont ces circonstances qui portent les candidats en ce moment ? À gauche comme à droite, en France, dans tout le monde démocratique, les circonstances sont au grand chambardement des sortants et des partis classiques. Voilà pourquoi Marine Le Pen est en avance sur tout le monde ! Jean-Luc Mélenchon avait eu cette intuition en intitulant l'un de ses livres *Qu'ils s'en aillent tous !* (2011). Emmanuel Macron assoit aussi son dynamisme sur l'opposition aux partis politiques établis. Benoît Hamon a gagné la primaire grâce à ses propositions innovantes mais aussi beaucoup à son statut de frondeur. Dans le bowling que sont les élections partout en ce moment, il y a les quilles et il y a les boules. La question n'est donc pas d'être capable de rassembler mais de dégommer. Dans ce grand bowling électoral, dont nous sommes chaque jour spectateurs, le tout est de savoir qui est quille et qui est boule. Et ça ne se voit pas forcément à l'œil nu. Les sortants, les stars installées de la politique, sont plus souvent des quilles : Hollande, Juppé, Sarkozy, Duflot, Valls. Mais attention on peut passer de boule à quille ! François Fillon, renversant les favoris de son camp, était une boule ! Aujourd'hui, empêtré dans des affaires qui rappellent à quel point il vit du (et par le) système qu'il dénonce, il risque fort de devenir une quille. Hamon est une boule qui a fait un strike lors de la primaire. Aujourd'hui prié par le Premier ministre de cesser de critiquer le bilan et invité à prendre de la hauteur (les boules de bowling ne volent jamais très haut), va-t-il devenir une quille ? La rencontre prévue entre Jean-Luc Mélenchon et Benoît Hamon, plus qu'une conversation entre deux candidats politiquement voisins, sera la rencontre d'une boule et d'une quille. Qui sera quoi ? En tout cas à n'en pas douter – et au-delà du cas de la gauche – pour l'instant (pour l'instant seulement) ceux qui ont de l'avance sur la piste-plancher du grand bowling de mai 2017 sont bien Marine Le Pen et Emmanuel Macron.

Fin janvier donc, l'affiche finale apparaît de plus en plus évidente. Là, on ne se trompe pas ! Les candidats de gauche ne pourront rien changer à cette dynamique macrono-lepéniste. Fin février, lors de la complète jambon-fromage de Benoît Hamon, devant le candidat qui ne peut pas me démentir, je constate l'inévitable division et la logique implacable de la défaite de la gauche.

27 février 2017

Benoît Hamon et Jean-Luc Mélenchon se présenteront donc séparément. Maintenant les choses sont claires, vous avez réussi, monsieur Hamon à rallier les écologistes qui pesaient électoralement entre 1 et 2 %.

Mais alors que Jean-Luc Mélenchon et vous-même portez le même diagnostic sur la nécessaire conversion de la gauche à l'éco-socialisme, vous proposez deux candidatures d'apparence assez voisines. Il faudra expliquer aux électeurs de la gauche, qui attendaient depuis longtemps cette conversion, ou à ceux qui l'acceptent finalement en écoutant vos arguments, pourquoi vous vous interdisez la route vers le second tour et donc possiblement vers l'Élysée, en l'empruntant à deux. Vous avez été désigné par la primaire sur un discours de frondeur, vous avez réussi à dépasser la simple critique en proposant une vision qui prend donc en compte l'urgence écologique et le bouleversement de la notion de travail dans la société numérisée qui vient, mais vous êtes quand même le candidat du PS, et le PS c'est aussi des sociaux-démocrates, des vallsistes, des hollandais, des socialistes plus classiques qui croient toujours que le travail et le revenu doivent être liés, qui pensent que la maîtrise de la dette est la condition de notre souveraineté. Avant le PS était la force principale de la gauche, une force d'attraction. Tout à gauche s'organisait autour de lui. Aujourd'hui vous êtes le candidat d'un parti divisé sur l'appréciation même du bilan de son passage au pouvoir. Alors si en d'autres temps c'était au PC, aux écologistes, aux radicaux de se rallier au PS, l'état de faiblesse de votre parti, grâce auquel d'ailleurs vous avez remporté la primaire, renverse la situation. C'est à vous de choisir maintenant. Préférez-vous être le candidat d'une gauche alternative écologiste pour concurrencer Jean-Luc Mélenchon sur ce même terrain ou préférez-vous réunir tout le spectre politique qui a participé à la primaire ? Pour l'instant le flanc droit du PS, son électorat du moins, lorgne vers Macron. Une bonne partie des socialistes élus ou électeurs de ce PS, qui au bout du compte ne rougit pas du bilan, n'est pas vraiment avec vous malgré votre organigramme aux apparences rassembleuses.

Benoît Hamon peut-il être un point d'équilibre entre les gauches ? Pour l'instant non, à moins qu'il démontre que les électeurs de la gauche hollando-vallsiste et ceux de Jean-Luc Mélenchon ne sont pas irréconciliables. Il ne semble pas en mesure de les rassembler. Les offres mélenchoniennes et macroniennes sont jusqu'ici trop puissantes et attractives pour permettre à Benoît Hamon de prendre son envol. Alors, Benoît Hamon, maintenant que le débat des alliances est clos, allez-vous tenter de siphonner l'électorat de Jean-Luc Mélenchon par un discours de gauche alternative, qui prône une sixième république ou la croissance verte, ou alors voulez-vous tenter d'endiguer la fuite des modérés de votre parti ? Le plus probable c'est que vous me répondiez que vous allez creuser le sillon hamoniste, que votre offre politique novatrice et originale, votre personne, suffisent à créer une dynamique pour gagner en mai, mais alors vous seriez en contradiction avec votre positionnement anti-homme providentiel qui pense qu'il peut gagner tout seul.

Pour commencer, pouvez-vous nous définir, monsieur Hamon, ce que Jean-Luc Mélenchon appelle le code de respect mutuel que vous avez semble-t-il scellé lors de votre dîner de vendredi soir ?

1er mars 2017

Effacement progressif du PS... Ce grand parti qui aura gouverné pendant vingt ans depuis 1981, ce grand parti né sous sa forme actuelle à Épinay en 1971, aura fourni deux présidents et quelques prestigieux Premiers ministres comme Pierre Mauroy, Michel Rocard ou Lionel Jospin. Ce parti qui aura façonné les territoires par son armée d'élus locaux, qui depuis la fin des années 70 aura géré, souvent de façon efficace et populaire, tant de collectivités locales, ce parti, héritier d'une grande lignée de dirigeants humanistes, résistants, réformateurs, qui en lien avec tant d'associations, de syndicats, d'intellectuels, d'enseignants, d'organisations populaires laïques le plus souvent, chrétiennes parfois aura grandement structuré la société française et animé les débats qui la traversaient, ce parti qui a été depuis sa création par François Mitterrand le pôle fort de la gauche... ce mouvement, qui avait subi un premier choc traumatique le 21 avril 2002, est en passe non seulement de ne pas être qualifié – à nouveau – pour le second tour de la présidentielle mais surtout d'être très largement distancé, en quatrième position, derrière Marine Le Pen, Emmanuel Macron et François Fillon. Benoît Hamon, vainqueur surprise (et d'abord pour lui-même) de la primaire, n'est pas réellement soutenu par l'appareil socialiste. Car c'est bien cela : le PS n'est plus qu'un appareil, une grande carcasse composée de différentes parties qui ne se sentent plus solidaires.

Il y a toujours eu de fortes divisions au sein du PS, toujours eu un flanc plus radical et un flanc plus réformiste, et des écuries présidentielles concurrentes, mais il avait, jusqu'en 2014, époque du virage dit social-libéral, toujours su faire des synthèses qui étaient plus ou moins respectées, même quand elles étaient artificielles. Aujourd'hui tout se passe comme si le PS ne croyait plus en lui-même puisque le courant minoritaire arrive à pourrir la vie de la majorité et à la conduire vers un échec certain sans le moindre état d'âme. Les frondeurs ont ainsi tué froidement le quinquennat de François Hollande. De même, aujourd'hui, les nouveaux frondeurs, les hollandais et vallsistes du gouvernement ou des grandes fédérations, plombent la campagne de Benoît Hamon qui, en tant qu'ancien frondeur anti-Hollande, se voit rendre la monnaie de sa pièce. Les socialistes ne s'aiment plus, ne se respectent plus et visiblement n'ont plus rien à faire ensemble. Manuel Valls, lui-même chef de la majorité jusqu'à sa démission de Matignon, vient d'ouvrir la porte des siens vers un soutien à Emmanuel Macron. Ça va un peu plus vite que prévu. Benoît Hamon s'en désole, il s'aperçoit chaque jour qu'il est traité par les caciques du PS, les ministres notamment, encore plus mal que ne le fut Ségolène Royal en 2007. Hamon et le PS, c'est le frondeur frondé, c'est la corde et le pendu. Ça donne un drôle de tableau pour cette présidentielle, car de son côté, François Fillon ne peut quasiment plus faire campagne. Bien des militants LR n'ont pas le cœur à proposer un tract Fillon sur les marchés. C'est moins grave parce que plus circonstanciel que ce que vit le PS. Mais on en est là : les deux principaux partis, ceux qui gouvernent depuis cinquante-neuf ans et ont façonné la France d'aujourd'hui, sont en passe, tout simplement, d'être éliminés du second tour de la présidentielle.

31 mars 2017

Après le soutien de Manuel Valls à Emmanuel Macron faut-il se pencher sur la dépouille du PS ? Pas encore. Le PS ne disparaîtra pas de sitôt. Si Benoît Hamon doit ne pas être au second tour, les socialistes auront des candidats partout aux législatives et restent avec LR (quels que soient les résultats du 7 mai) bien ancrés dans les territoires. Mais c'est vrai que le PS n'est plus l'axe central autour duquel s'organise la gauche. Il est plutôt le point d'où partent militants et électeurs pour alimenter En marche ! de Macron ou La France insoumise de Mélenchon. En faisant un effort de renouvellement idéologique, sur la notion de travail (le revenu universel), sur l'écologie, matrice du programme, Benoît Hamon a cru (et c'était crédible) œuvrer pour la régénérescence de son camp. Mais ses propositions n'ont pas eu le temps d'être ingérées par les socialistes, culturellement attachés au travail comme facteur d'émancipation et à la croissance – de préférence industrielle – comme principale source de redistribution. Les électeurs de gauche avaient déjà, au cours du quinquennat, été bousculés avec la loi travail, ressentie comme un coup de canif au compromis social ; avec le projet de déchéance de nationalité, contraire à leurs valeurs élémentaires. Le tout après des décennies de couleuvres avalées, de virage de rigueur en 1983, de privatisations jospiniennes. L'*Homo socialicus* s'est vu imposer un rythme d'évolution brutal. Une évolution dans les faits, mais jamais vraiment assumée dans les discours (jusqu'en 2014). De 1983 à 2014, le discours du PS est bien plus à gauche que son action. Trente ans de mystification devaient bien se payer un jour. Aujourd'hui, l'*Homo socialicus* est fatigué et réclame de la cohérence entre les mots et les actes. Et ce sont Emmanuel Macron et Jean-Luc Mélenchon qui lui en proposent même si, pour l'instant, on ne peut juger que de leurs mots. Le discours de Mélenchon comporte certes une bonne part de protestation et semble fait plus pour passer de 10 à 20 % que pour rassembler les Français. Mais sa radicalité prévoit les moyens de son action. Le plan B de rupture, le conflit assumé avec Bruxelles ou Berlin sur les marges de manœuvre budgétaires, apparaît comme une proposition cohérente avec les objectifs affichés par le candidat de La France insoumise. Hamon, lui, entend faire entrer son projet dans les clous de Bruxelles et avec la bénédiction de Berlin. Le coup du « on va convaincre Berlin et Bruxelles » est fait à chaque élection par la gauche, comme d'ailleurs par la droite. Plus personne n'y croit. De son côté, Macron, comme Mélenchon, propose sa cohérence, mais lui, c'est en s'assumant pleinement européen. Il affirme qu'il faut que la France se réforme, s'adapte aux règles européennes qui sont des règles de bonne gestion qui permettront de nous adapter à la mondialisation et de sortir de la crise. On peut adhérer ou pas aux discours de Mélenchon ou de Macron mais ils ont l'air de trancher enfin ! Le PS, finalement, n'a jamais gagné une élection nationale sur un discours de clarification. Cette clarification, les électeurs menacent de la faire sans lui. Mélenchon et Macron sont l'expression outrée de cette clarification. Ça tombe sur Benoît Hamon. C'est cruel mais c'est ainsi. En politique, qui ne tranche pas finit par se faire trancher.

Conclusion

La Ve République, que l'on critique tant (et mes chroniques participent souvent à la curée), se montre en réalité capable d'accoucher d'un renouvellement général (du sol au plafond et sur tout le spectre) encore plus important qu'en 1958, quand on passait pourtant d'une République à une autre. Avec l'avènement d'Emmanuel Macron, nos institutions prouvent leur plasticité et leur capacité d'adaptation aux évolutions de la société. C'est une étape de plus dans la vie de la Ve République. Après tant d'autres : en 1965 on s'aperçoit que nos institutions, censées être celles d'un homme, pour un homme, permettent de mettre le général de Gaulle en ballottage, 1969 prouve qu'elles lui survivent, 1974, qu'elles supportent le dépassement du gaullisme, 1981, qu'elles sont véritablement démocratiques car elles autorisent l'alternance. En 2017 enfin, la Ve République nous prouve qu'elle peut accompagner, dans la stabilité et la sécurité, le plus grand chamboule-tout politique de l'après-guerre. Nos institutions s'adaptent et laissent la France s'adapter. Elles ont permis le maintien et l'accroissement des libertés au fil des ans. Elles ont ingéré les avancées sociétales de mai 68, permis à François Mitterrand (pourtant l'auteur en 1964 du pamphlet anti V^{e} *Le Coup d'État permanent*) d'intégrer encore de nouveaux droits. Aujourd'hui, la stabilité et la clarté politique qu'elles engendrent font même envie à nos voisins, souvent empêchés par d'introuvables majorités. Pourtant, souvent on fustige la culture d'affrontement engendrée par la Ve au détriment de la culture du compromis ! Mais on pourrait contrer ce travers par une bonne dose de proportionnelle (qui ne serait pas autobloquante). Emmanuel Macron candidat le disait lui-même à Angers en février 2017 : un candidat à la présidentielle à 25 % qui aurait la majorité à l'Assemblée uniquement avec son parti, ce serait – ce sont ses mots – *un hold-up* (le pense-t-il encore ?). Ce constat doit s'appliquer aussi pour un candidat qui n'a fait que 24 % ! Et puis il y a l'autre critique souvent faite à la Ve : le personnalisme. Est-ce la Constitution ou notre caractère national qui impose le culte du chef ? On se le demande en constatant que ceux qui dénoncent le plus ce culte y sacrifient volontiers (ou sont obligés d'y sacrifier). Ainsi Jean-Luc Mélenchon veut une VIe République, plus parlementaire, plus horizontale. Mais il faut voir en quels termes jupitériens (ce mot est à la mode) étaient rédigées les professions de foi de La France insoumise pour les élections législatives de juin 2017 ! On y voyait la photo du chef adoubant son obligé avec ces mots, je cite : « Je vous demande de voter pour untel comme vous avez voté pour moi. Untel s'est engagé à mes côtés avec courage, il a ma confiance. » On ne fait pas plus homme providentiel ! Au FN, le culte du chef va de soi, et au PS et à LR, depuis le soir du second tour de la présidentielle, la grande question pour répondre à leur crise c'est « qui ? » plus que « quoi ? ». Il faut peut-être en prendre son parti mais la démocratie – chez nous – ne peut être vivante que très incarnée. C'est quand même étonnant comme on se sentait tout mouillé quand il pleuvait sur Hollande, et comme la poignée de mains bravache de Macron à Trump nous a puérilement fait plaisir. On se dit, finalement, que si elle est pratiquée avec ouverture, et surtout si les contre-pouvoirs – institutionnels ou non – font leur boulot (et ça dépend plus d'eux, de leur courage et de leur volonté que des institutions), alors la Ve n'est pas si coupable et peut (peut-être) être le cadre d'une vraie modernisation démocratique. Emmanuel Macron, au cours de cette année électorale sans précédent, aura surpris tout le monde, lui-même aussi sans doute. Le général de Gaulle disait que l'élection présidentielle c'est la rencontre entre un homme, le peuple et les circonstances. Emmanuel Macron est l'application parfaite de ce théorème !

Mais pour quoi faire ? Pour mettre la France *en marche*, certes… mais en marche vers où ? Voilà ce que les éditos qui commenteront ce quinquennat tenteront de déterminer avec une subjectivité non partisane.

Remerciements

Pour faire un édito quotidien sans dire trop de bêtises, sans faire trop de fautes, sans trop participer à la logorrhée du commentaire politique permanent, il faut se lever tôt… et être aidé !

Merci à Patrick pour ces discussions complices pendant tant d'années de passion partagée pour la politique, merci à Marion qui fut, aux aurores, ma première auditrice exigeante et bienveillante… et merci, encore et toujours à Laure qui me sauve chaque jour…

Table

Cet ouvrage a été composé
par PCA à Rezé (Loire-Atlantique)
et achevé d'imprimer en août 2017
par Cayfosa à Barcelone
pour le compte des Éditions Stock
21, rue du Montparnasse, 75006 Paris

PAPIER À BASE DE FIBRES CERTIFIÉES

Stock s'engage pour l'environnement en réduisant l'empreinte carbone de ses livres. Celle de cet exemplaire est de :
450 g éq. CO_2
Rendez-vous sur www.editions-stock-durable.fr

Imprimé en Espagne

Dépôt légal : septembre 2017
N° d'édition : 01
73-07-3333/8